Gerda Brömel
Meine schönsten Reisen (2)
Galapagosinseln
& Südamerikas Westen

AF145725

Es erschien bereits:
Meine schönsten Reisen (1)
Kanadische Arktis mit dem Eisbrecher

Gerda Brömel lebt in Mönkeberg an der Kieler Förde. Bis zu ihrem Ruhestand war sie in der Verwaltung verschiedener Institutionen tätig. Danach begann sie mit ihrer literarischen Arbeit. Inzwischen hat sie 16 Bücher veröffentlicht, davon 3 als Bearbeiterin/Herausgeberin.

Ihre große Leidenschaft neben Literatur und Musik sind Fernreisen, die sie im Laufe vieler Jahre zu Zielen auf allen Kontinenten führten. In der Reihe »Meine schönsten Reisen« erscheinen jetzt einige ihrer unterwegs geführten Reisetagebücher.

Gerda Brömel

Meine schönsten Reisen (2)
Galapagosinseln
&
Südamerikas Westen

Bibliografische Information der Deutschen Nationalbibliothek:
Die Deutsche Nationalbibliothek verzeichnet diese Publikation in der Deutschen Nationalbibliografie; detaillierte bibliografische Daten sind im Internet über http://dnb.dnb.de abrufbar.

Titelfoto: Junger Galapagos-Seelöwe
Rücktitel: Chile, im Dorf Parinacota (4.200 m)

Herstellung und Verlag:
BoD – Books on Demand, Norderstedt
ISBN 9783739236193

Inhaltsverzeichnis

Galapagosinseln (Ecuador)

Quito, Montag, 25. November 1996. Recht früh reißt uns heute der Telefonweckruf des Hotels aus dem Schlaf, denn das Flugzeug nach Baltra auf der Galapagosinsel Santa Cruz startet schon um halb neun Uhr. Gestern Morgen waren wir von Frankfurt kommend in Quito gelandet. Bei der Rundfahrt durch Ecuadors Metropole fand ich es besonders interessant, dass man hier sozusagen auf dem Äquator spazieren gehen kann. Und zwar auf einer roten Linie, die auf dem Straßenpflaster den nullten Breitengrad kennzeichnet. Für diese »Leistung« erhielten wir sogar ein »Diplom«, ausgestellt von der Metropolitan Touring.

Unsere Guide Marisol fütterte uns mit statistischen und anderen Daten, wie z. B.: Die Fläche des Staates Ecuador entspricht ungefähr derjenigen der [alten] Bundesrepublik Deutschland, sie ist jedoch nur mit 11 Mio. Einwohnern bevölkert. 30 – 40 % davon sind Indios, d. h. Abkömmlinge der Ureinwohner. Erst jetzt besinnt sich der Staat darauf, sagt Marisol, diese Leute zu fördern, d. h. zu alphabetisieren und in Arbeitsprogramme zu bringen. – Seit Monaten ist es hier extrem trocken, und die Menschen in der Stadt leiden unter der unzureichenden Wasser- und Stromversorgung. Während unserer Rundfahrt mit dem Bus sahen wir sowohl in den Bergen als auch mitten in der Stadt Rauchsäulen aufsteigen. Die Erklärung von Marisol: Indianische Bauern entfachen Feuer, um den Regengott gnädig zu stimmen.

Nachdem es gestern im ca. 2.800 m hoch gelegenen Quito relativ kühl war, sind es heute bei der Zwischenlandung in Guayaquil angenehme 23 °C. Ungefähr eine halbe Stunde halten wir uns hier im Transitraum auf, bevor der Flug fortgesetzt wird und wir schließlich um die Mittagszeit in Baltra landen. Unsere Uhren haben wir bereits eine Stunde auf Ortszeit zurückgestellt. In Baltra müssen wir noch eine »Eintrittskarte« für den Galapagos Nationalpark ausfüllen und bezahlen; sie kostet zurzeit 80 US-$. Das aus Umweltschutzgründen festgesetzte ursprüngliche Limit von 12.000 Touristen pro Jahr (1996: 60.000) wird mittlerweile noch weiter überschritten (2012: 180.000; 2014: 218.000).

Ein Bus bringt uns zum Hafen, von wo wir mit Zodiacs – stabilen Schlauchbooten – zu unserem Schiff SANTA CRUZ fahren werden. Am Landeplatz hören wir ein unheimliches, dumpfes Geheul, bis wir schließlich herausfinden, dass diese Töne ein ausgewachsener Seelöwenbulle von sich gibt. Er schwimmt in unserer unmittelbaren Nähe und beschützt eine hellbraune Seelöwenkuh, die unterhalb der Stufen zum Landesteg liegt. – Nachdem wir die obligaten leichten Schwimmwesten umgebunden haben, geht es in zügiger Fünfminutenfahrt zum Schiff.

Schon nachmittags starten wir mit dem randvollen Programm. Heinrich und ich gehören zu den fünfzehn Personen der Gruppe »Delfine«, die bei allen Unternehmungen von Carlos geführt und wissenschaftlich betreut wird. Carlos ist Spanier und spricht deutsch mit schweizerischem Akzent, den er während seines Studiums in Zürich erworben hat. Ein wissenschaftlich einschlägig ausgebildeter Guide ist obligatorisch für Galapagos-Touristen.

Mit dem Zodiac setzen wir zu einer kleinen unbewohnten Insel über: North Seymour. Der Ausstieg aus dem Schlauchboot gestaltet sich etwas schwierig, denn es ist Niedrigwasser und wir liegen sehr tief. Um auf die Insel zu gelangen, müssen wir also ein paar Meter Höhenunterschied überwinden, d.h. klettern. Auch anschließend suchen wir uns etwas mühselig den Weg über Felsbrocken.

Die Erde ist hier rötlich braun. Die flache Insel ist von Balsam-Bäumen bedeckt, die jetzt während der Trockenperiode ihre Blätter abgeworfen haben. Die Stämme der Bäume von bis zu zwei Metern Höhe schimmern weiß, wodurch sie wie gekalkt wirken. Wenn das Holz verletzt ist, nässt es und eine Art Sirup (Balsam) tritt aus. – Wir treffen gleich auf mehrere hellbraune Galapagos-Seelöwen, die zur Gattung der Ohrenrobben gehören. Sie sind hier so zahlreich, dass man sogar auf dem markierten Pfad aufpassen muss, nicht unversehens auf ein Tier zu treten, das ganz ruhig daliegt und döst. Bald sehen wir auch die ersten Blaufußtölpel. Blaufuß heißen sie wegen ihrer mit hellblauen Schwimmhäuten ausgestatteten Füße. Nicht so offensichtlich ist für uns, warum man ihnen den wenig schmeichelhaften Namen Töpel gegeben hat.

Ein schwarzer Prachtfregattvogel sitzt unbeweglich auf einem der niedrigen Bäume. Es ist ein männliches Tier mit einem roten Hautsack unter der Kehle. Sowie ein Weibchen ihn überfliegt (erkennbar an der weißen Brust), legt er den Kopf zurück und beginnt, den roten Kehlsack gewaltig aufzublasen, um das Weibchen auf sich aufmerksam zu machen. Die Fregattvögel ziehen jeweils nur ein Junges groß. Dieses bleibt eineinhalb Jahre unselbständig, d. h. flugunfähig, sodass es von den Eltern gefüttert werden muss. Erst danach lernt es richtig zu fliegen und kann sich dann selbst Nahrung suchen. Deshalb stellt sich durchschnittlich auch nur alle zwei Jahre Nachwuchs ein. Wir begegnen einer ganzen Reihe junger Fregattvögel, deren Kopf noch weiß ist, und die somit auf die Fürsorge ihrer Eltern angewiesen sind.

Auf unserer Wanderung sehen wir auch zahlreiche Meerechsen, die größten sind von Kopf bis Schwanz ungefähr 80 cm lang. Meistens hängen oder liegen sie zu mehreren auf einem Baum oder Busch. Einige haben ihre Vorderfüße, die aussehen wie kleine menschliche Hände, auf den Rücken eines Kollegen gelegt. Einen Busch teilen sich in friedlicher Koexistenz auch verschiedene Tierarten: Oben sonnen sich Meerechsen, und unten im Schatten des Gestrüpps dösen Seelöwenkühe. Die Seelöwenbullen haben dunkleres, im Wasser fast schwarz schimmerndes Fell. Während der zwei Stunden, die wir auf der Insel umherstreifen, lassen sich einige von ihnen mit der Brandung an den Strand treiben. Schwerfällig kriechen sie an Land und danach über den felsbedeckten Uferstreifen.

Es ist wunderbares Wetter – ungefähr 25 °C warm. Allerdings sollte man eine Mütze aufsetzen und sich auch sonst etwas bedeckt halten wegen der Sonnenstrahlung in Äquatornähe, die nicht ganz ungefährlich ist.

Immer wieder treffen wir auf Meerechsen, Seelöwen, Prachtfregattvögel und Blaufußtölpel. Einige Seelöwenbullen geben das schon beschriebene dumpf röhrende Geräusch von sich. Zwei von ihnen, die gerade an Land gekommen sind, kämpfen mit hochgerecktem Oberkörper um einen schattigen Liegeplatz. Schließlich gibt der Verlierer auf und watschelt ein paar Schritte davon. Aus sicherer Entfernung dreht er sich noch einmal um, bevor er sich dann endgültig entfernt. Im Vergleich zu ihren Artgenossen in der Antarktis nehmen sie von uns Menschen keine Notiz, sodass wir uns hier ganz furchtlos bewegen können. Natürlich muss man aufpassen, nicht zu dicht an Muttertiere mit ihren Jungen heranzukommen. In dem Fall riskiert man, angegriffen zu werden. Auch vermeiden wir als Gruppe, die Tiere einzukreisen. Denn sie können in Panik geraten, wenn ihnen der Fluchtweg versperrt erscheint.

Als wir nach der Wanderung über North Seymour in den Zodiac klettern, stellen wir begeistert fest, dass sich allein schon für die Begegnung mit diesen friedlichen, völlig arglosen Tieren die Reise gelohnt hat!

An Bord der SANTA CRUZ geht das Programm gleich weiter. Es folgt ein Vortrag über die verschiedenen Inseln, außerdem wird der vorgesehene Ablauf des nächsten Tages bekanntgegeben. Anschließend sehen wir Dias über die Tier- und Vogelwelt auf der Vulkaninsel Bartolome, die wir morgen besuchen werden.

Zu guter Letzt erscheint der Kapitän mit seinen Offizieren, dem Koch, dem Bordarzt und den Wissenschaftlern. Vorgestellt werden sie uns vom hochgewachsenen Cruise Director, einem graublonden Typen, der sich etwas gebeugt hält. Der Kapitän ist ein zierlicher Mann spanischer Herkunft mit schüchternen Augen im klassisch schönen Gesicht. Die SANTA CRUZ soll für ihn, der sich vom Schiffsjungen zum Kapitän hochgearbeitet hat, ganz nach seinen Wünschen gebaut worden sein, berichtet der Cruise Director. Mit Sekt stoßen wir auf eine gute Reise an. Es werden Snacks herumgereicht: kleine frittierte, mit Hähnchenfleisch gefüllte Teigtaschen, die man in Tabascosoße tunkt, außerdem Cracker mit kunstvoll gespritzter Leberpastete.

Das anschließende Abendessen zieht sich bis nach neun Uhr hin. Wir sind inzwischen ziemlich müde, zumal wir seit morgens halb sechs auf den Beinen sind. Auch nach unserer Einschiffung hatte es keine Ruhepause gegeben, da fast unmittelbar darauf die obligate Rettungsübung angesetzt gewesen war.

26. November. Wie ein Seelöwe sich verhält, dessen Fluchtweg abgeschnitten ist, erleben wir am heutigen Dienstagmorgen, als wir auf der ebenfalls unbewohnten Insel Bartolome an Land gehen — diesmal sogar über einen relativ komfortablen Steg mit aufwärts führenden Stufen. Allerdings kommen wir nicht weit, denn mitten auf einer Stufe liegt eine Seelöwenweibchen, das jetzt sehr unruhig wird. Also müssen wir wieder in den Zodiac, um dem Tier die Möglichkeit zu geben, sich zurückzuziehen. Das tut es dann klugerweise auch,

und erst danach können wir landen.

Eine ganze Weile geht es ziemlich steil bergauf auf dieser Vulkaninsel, die mit Lava, Lava-Asche und -Geröll bedeckt ist. Auf einer Ebene breiten sich auf dem schwarzen Boden weiße, flachwurzelnde Pionierpflanzen aus, die unser junger Guide Carlos scherzhaft Tequila-Pflanzen nennt. Unterwegs bieten sich immer wieder wunderschöne Ausblicke auf die unter uns liegenden Buchten und auf ein »natürliches Schwimmbecken«. Dies ist ein Kratersee, der durch einen Ring aus erstarrter Lava eingefasst wird. Immer höher wandern wir auf sanfter Steigung und entdecken verschiedene Lavaformationen wie Röhren, Tunnels, Torbögen und den aus dem Meer aufragenden, bizarren »Pinnacle Rock«.

Schließlich erreichen wir eine Treppe, deren 370 Stufen zu einem Leuchtturm führen. Von hier oben blicken wir in alle Richtungen: auf die Insel Santiago und verschiedene kleinere der insgesamt ca. 130 Inseln des Galapagosarchipels, auf Buchten, in denen grün das Wasser und weiß der Sand schimmern, auf das in der Ferne tintenblaue Meer und auf den Horizont, der begrenzt wird von der langgestreckten, im Dunst liegenden Insel Isabela.

Während wir wieder abwärts gehen, beobachten wir unter uns braune Pelikane mit ihren im Flug bis zu zwei Metern messenden Flügeln. Eigenartig, die Tiere aus dieser Perspektive zu sehen!

14

Nach dem recht anstrengenden Abstieg – zum Schluss zittern nicht nur mir die Beine! –, wandern wir zurück zu unserem Landeplatz. Gerade kommt ein leerer Zodiac an. Wieder binden wir die Schwimmwesten um und fahren dann um die Insel herum zur anderen Seite. Dort erwartet uns eine sogenannte nasse Landung. Also ziehen wir Schuhe und Strümpfe aus, krempeln die Hosenbeine hoch und waten durchs Wasser an den Strand. Hier ist Baden vorgesehen, das Badezeug haben wir schon an Bord der SANTA CRUZ »drunter« angezogen. Sogar Schnorchel haben wir ausgeliehen, um die bunte Unterwasserwelt zu beobachten. Unter Wasser ist allerdings nicht sehr viel zu entdecken, selbst an den Klippen nicht. Die ungefähr handgroßen roten Klippenkrabben können wir auch ohne Schnorchel beobachten. Leider lassen sich die angekündigten Humboldt-Pinguine und Meeresschildkröten an dieser Stelle heute nicht blicken.

Doch allein schon das Schwimmen im sicher weit über 20 °C warmen Wasser ist fantastisch genug! Ich gehe zwei- bis dreimal hinein und dann nochmals, um die auf den schwarzen Lavafelsen sitzenden Klippenkrabben zu filmen. Eine leichte Strömung herrscht, greller Sonnenschein prallt vom Himmel, keine Wolke zeigt sich. Um nicht von der Sonne verbrannt zu werden, ziehen wir sofort nach dem Schwimmen unsere Sachen wieder übers nasse Badezeug. Aus dem gleichen Grund fahren wir auch bereits gegen halb elf Uhr und damit vor der stärksten Mittagshitze mit dem Zodiac zurück zur SANTA CRUZ. Die Tour war schon um viertel vor acht morgens losgegangen, der Weckruf im Radio hatte um viertel vor sieben ertönt. Mit dem Frühstück ab sieben Uhr wurde es dann eine ziemliche Hetze, aber andererseits sind wir froh, dass alles sehr straff organisiert ist, denn sonst würden wir nicht so viel sehen können.

Nachmittags brechen wir auf zu einer zweieinhalb-stündigen Wanderung über die Insel Genovesa, die im Nordosten des Archipels liegt. Während der Fahrt mit dem Zodiac um viertel nach drei sehen wir schon bald die Insel aus dem Meer ragen: Felsen, weiß von Vogelkot. Zwar können wir hier trockenen Fußes aussteigen, aber dann gilt es, eine Art felsigen Kamin hochzuklettern. Danach muss auf schmalem Steg ein tiefer Kratergraben über-quert werden, bevor wir schließlich in vielleicht fünfzehn Metern Höhe sicheren Boden erreichen.

Jetzt liegt die Insel ausgebreitet vor uns – wie-der eine Ebene, bewachsen mit Balsambäumen, die nach unseren Begriffen allerdings eher Sträucher sind. Auf Genovesa wollen wir Rotfußtölpel be-obachten, nachdem wir gestern die nur auf North Seymour endemischen Blaufußtölpel kennenge-lernt haben. Tatsächlich entdecken wir sie gleich.

Sie sitzen einzeln auf Balsambäumen, wo sie sich mit ihren leuchtend roten Schwimmhautfüßen an einem Zweig festhalten.

Neben den Rotfußtölpeln sehen wir auch zahlreiche weiße Maskentölpel mit ihrer typischen schwarzen Zeichnung um den Schnabel. Alle sind mit der Aufzucht ihrer Jungen beschäftigt, einige sitzen allerdings noch auf den Eiern. Sie haben keine richtigen Nester, sondern nur eine mit ihren Flügeln sauber gefegte flache Mulde auf dem Boden. Wir finden Junge in allen Entwicklungsstadien: gerade eben ausgebrütete, winzige wollige Jungtiere, die noch apathisch am Boden liegen, und ältere in ihrem aufgeplusterten Daunenkleid. Die Vögel lassen sich überhaupt nicht stören von uns Menschen. Sie kennen keine Furcht, denn natürliche Feinde haben sie hier nicht. – Wir finden auch noch eine andere Fregattvogelart mit einer braunen Zeichnung am Hals: den Bindenfregattvogel. Im Gegensatz zu den Tölpeln bauen die Fregattvögel ihre Nester aus stabilen Zweigen, und zwar nicht auf dem Boden, sondern auf den Balsambäumen.

Eine ganze Weile wandern wir auf sandigem Pfad. Ab und zu klettern wir über Lavagestein, denn auch diese Insel ist vulkanischen Ursprungs. Wir beobachten Finken, die den Namen ihres Entdeckers Darwin erhielten, und von denen es hier sieben Arten gibt. Sie unterscheiden sich durch

17

ihre verschieden ausgebildeten Schnäbel, mit denen sie das gerade für sie richtige Futter, d. h. die Samen aus den Früchten picken können. Außer den Finken leben hier Galapagos-Tauben und auch Spottdrosseln. Letztere machen ihrem Namen aber insofern keine Ehre, als sie nicht das Krächzen der Tölpel oder Fregattvögel nachahmen, sondern ihr eigenes Lied singen.

Auf unserer Expedition quer über die Insel gelangen wir bis an die andere Küste, die vom Strand durch eine ungefähr fünfzehn Meter tiefe Felsspalte getrennt wird. – Wir benutzen keinen Rundweg, sondern kehren nach ungefähr eineinviertel Stunden wieder um und gehen die gleiche Strecke zurück. Ich habe schon ein wenig Angst vor dem steilen Abstieg über die Felsen. Inzwischen scheinen wir aber tatsächlich so gut trainiert zu sein, dass die Kletterpartie einigermaßen problemlos erledigt wird. Sogar gebrechlichere Leute schaffen es, wenn auch mit Hilfestellung.

Carlos hat uns noch eine Überraschung versprochen. Sie wird uns präsentiert, als wir mit dem Zodiac nicht direkt zur SANTA CRUZ fahren, sondern zunächst unmittelbar entlang der steilen zerklüfteten Felsküste der Insel. Hier gibt es als Besonderheit schwarze kalifornische Seelöwen, auch Seebären genannt. Diese Tiere erinnern an diejenigen, die man früher im Zirkus als Balljongleure sehen konnte. Auch ein einzelner Blaufußtölpel klammert sich dort an die steile Felswand. Darüber ist nicht nur Carlos überrascht, denn gerade haben wir gelernt, dass Blaufußtölpel einzig auf North Seymour vorkommen! Aber natürlich gibt es immer Ausnahmen von der Regel.

Überwältigt von den Eindrücken dieses Tages kehren wir zurück auf die SANTA CRUZ. Inzwischen ist es kurz nach sechs Uhr abends geworden, gerade eben ging die Sonne unter.

27. November. Morgens unternehmen wir wieder eine Landschaftswanderung, und zwar setzen wir über zur Insel Rabida. Der Cruise Director hatte uns gestern Abend versprochen, hier würden wir sogar in unmittelbarer Gesellschaft von Seelöwen schwimmen können!

Die nasse Landung ist diesmal etwas unangenehm, denn es gibt zwar einen Strand, aber nicht mit feinem Sand, sondern mit ziemlich grobkörnigem Kiesel, der natürlich auch den Untergrund im Wasser bildet. Als ich nun mit bloßen Füßen auftrete, gibt der Boden sofort nach, und ich habe das Gefühl wegzurutschen. Das wäre zwar nicht schlimm, aber natürlich darf auf keinen Fall meine Kamera nass werden!

Zunächst entfernen wir uns vom Strand und gehen auf einem Weg mit rötlich schimmerndem Sand bergauf. Von einem Aussichtspunkt blicken wir hinunter auf eine Salzwasser-Lagune, die vom

Meer durch den rötlichen Strand getrennt wird. Das Meerwasser fließt unterirdisch in die Lagune. Sie gilt als »Seelöwen-Kindergarten« und auch als »Spital«, wo sich verletzte oder von anderen Seelöwen gebissene Tiere ausruhen und erholen können. Das Wasser dort ist ruhig und sein Salzgehalt heilt die Wunden. In dieser Lagune lernen die Seelöwenkinder schwimmen. Anfangs sträuben sie sich dagegen, denn lieber wollen sie bei der Mutter bleiben. Die treibt sie jedoch immer wieder ins Wasser, bis sie schließlich perfekte Schwimmer geworden sind.

Auf unserer Wanderung kommen wir an vielen Opuntien vorbei. Diese Baumkakteen beginnen gerade jetzt zu blühen. Die gelben Blüten sind vor allem für Insekten und Vögel eine wichtige Nahrungsquelle, die Frucht ist auch für Menschen genießbar. Auf der anderen Seite des Aussichtspunktes blicken wir steil hinunter aufs Meer, und wieder gleiten unter uns Braunpelikane mit ihren riesigen Schwingen durch die Luft.

Später gehen wir auf einem anderen Weg hinunter zum Strand. Auf dem grobkiesigen Sand liegen unzählige Seelöwen, junge und alte und ganz kleine mit ihren stupsnasigen Gesichtern. Ein Seelöwenbulle scheint das Revier zu beherrschen, denn solange wir auf der Insel sind, und das sind einige Stunden, schreit er ununterbrochen! Er muss das tun, um das von ihm erwählte Weibchen vor anderen Seelöwenbullen zu schützen. Carlos erklärt uns, dieser Seelöwenbulle werde demnächst wahrscheinlich vollkommen entkräftet sein, weil er wegen seiner Bewachungsaufgabe überhaupt keine Zeit zum Fressen findet! Als wir weitergehen, sehen wir etwas abseits unter den Zweigen des Lederblattbaumes entkräftete Seelöwen liegen, die sich von ihrem anstrengenden Wächtergeschäft erholen.

Jetzt wollen wir – wie uns versprochen wurde – zusammen mit den Seelöwen schwimmen. Wir beobachten, wie zwei Bullen sich gegenseitig ins Meer treiben und dann im Wasser einen Kampf ausfechten. Sie schwimmen enorm schnell ein weites Stück hinaus. Ihre Rücken wölben sich dabei nach oben, bevor sie zuerst mit dem Kopf wieder eintauchen. In Gesellschaft solch wütender Tiere möchte ich eigentlich nicht ins Wasser! Deshalb wandern wir ein Stück weiter am Strand entlang. Einige Male bleiben wir stehen, um zu beobachten, wie ein Seelöwenbaby eine der vier Zitzen der Mutter sucht und dann schmatzend zu saugen beginnt. Wie das Meckern von Ziegen hören sich die Rufe dieser ganz jungen Seelöwen an! Die Mütter stoßen ihre älteren Kinder fort, denn die sind groß genug, um sich ihr Futter selbst zu suchen.

Am Ende der u-förmigen Bucht sind die Ersten unserer Gruppe inzwischen schon beim Schnorcheln. Heinrich entdeckt im heute wieder fast lauwarmen Wasser zu seinen Füßen einen ziemlich großen Rochen, der reglos auf dem Grund liegt, sich dann aber doch lieber davonmacht.

Es ist wunderbar zu schwimmen! Tatsächlich tummeln sich in ganz geringer Entfernung die Seelöwen im Wasser, wenn wir uns auch – wie schon erwähnt – von den Bullen fernhalten. Als wir später wieder in den Zodiac steigen, schwimmt ein »Seelöwen-Kindergarten« von fünf kleinen, im Wasser schwarz glänzenden Tieren neugierig sehr dicht an unser Boot heran. Carlos hat uns eingeschärft, die Tiere auf keinen Fall zu berühren. Doch dies ist gar nicht so einfach, denn nur widerwillig machen sie uns Platz.

Am Nachmittag des gleichen Tages fahren wir mit dem Zodiac hinüber nach Puerto Ayora auf der Insel Santa Cruz, wo wir sogar einen breiten, stabilen Steg vorfinden. Auf dieser Insel besuchen wir die Darwin-Station. Dort wollen wir Tiere sehen, die nur noch künstlich aufgezogen bzw. am Leben erhalten werden können: Riesenlandschildkröten und Leguane. Leguane sind zurzeit allerdings nicht zu besichtigen, weil sie »schüchtern« gehalten werden sollen, wie Carlos es nennt, d. h. man lässt sie in aller Ruhe aufwachsen. Zwar werden sie nicht direkt künstlich besamt, aber doch künstlich zusammengeführt, um den Bestand wieder aufzufrischen.

In einem Gehege der Darwin-Station sehen wir dann zehn der erst ungefähr zwanzig Zentimeter großen Landschildkröten. Man unterscheidet bei diesen Riesenschildkröten zwei Arten: die Sattelschildkröte und die Domschildkröte. Beides beschreibt jeweils die Form ihres Panzers. Der Panzer der Sattelschildkröte ist vorn hochgezogen und erinnert tatsächlich an den Knauf eines Western-Sattels. Die Domschildkröte kennzeichnet ein etwas spitzerer, in der Mitte höherer Panzer. Zwei dieser Riesenschildkröten (Sattelschildkröten) beobachten wir aus allernächster Nähe. Sie wiegen rund zwei Zentner, und ihr Panzer ist sicher einen Meter lang. Unter der Last dieses Panzers bewegen sie sich sehr langsam vorwärts auf ihren krallenbesetzten Vorder- und Hinterbeinen.

Carlos berichtet vom Schicksal einer männlichen Riesenschildkröte, die als einziges überlebendes Exemplar auf einer Insel gefunden wurde. Sie wird hier am Leben erhalten und bezeichnenderweise »Lonesome George« genannt. Lonesome, weil es kein Weibchen mehr für das Tier gibt. Es ist versucht worden, seinen Samen zu erhalten. Aber er ist absolut lustlos und bisher haben alle Tricks nichts genützt. Wenn Lonesome George stirbt, ist seine Art also tatsächlich unwiederbringlich ausgestorben. [Lonesome George verendet im Juni 2013]

Zwar ist es eine schöne Aufgabe für die ungefähr zwanzig Wissenschaftler und Hilfskräfte, diese Tiere zu betreuen und nach Möglichkeit vor dem Aussterben zu bewahren, doch die Station kämpft mit sehr großen finanziellen Schwierigkeiten. Obwohl sie einerseits Geld von der UNESCO und andererseits vom Staat Ecuador bekommt, handelt es sich – gemessen an den Aufgaben – um viel zu geringe Beträge. Einige Staaten und Institutionen unterstützen die Darwin-Station zusätzlich, u. a. auch der Frankfurter Zoo. Doch ausländische Wissenschaftler, die hier z. B. einen sogenannten Post-Doc-Aufenthalt absolvieren wollen, müssen diesen selbst finanzieren.

Wir hören von Carlos erschreckende Dinge, als er von der Ziegen- und Schweineplage auf einigen Inseln berichtet. So gibt es z. B. auf der Insel Fernandina hunderttausend verwilderte Ziegen! Man fragt sich natürlich, woher sie kommen. Zwei Exemplare sollen Mitte des 18. Jahrhunderts von Captain Cook auf der Insel zurückgelassen worden sein, und zwar als Frischfleischreserve für seinen nach einem Jahr geplanten Rückweg.

Diese Ziegen sind im Laufe der Zeit auch auf die nahe Insel Isabela gelangt, und dort soll es eine Population von Zwanzigtausend geben. Die Ziegen haben die Inseln buchstäblich kahlgefressen, sodass kein Lebensraum mehr für andere Pflanzenfresser blieb, wie z. B. die Landschildkröten. In einer gezielten Aktion wurden inzwischen 50.000 Ziegen abgeschossen. Allerdings mit Bleipatronen, die nun wiederum den Boden verseuchen, Stahlpatronen wären jedoch unbezahlbar gewesen! Außerdem hätten natürlich *alle* Tiere getötet werden müssen. Leider ging nach den 50.000 der Station das Geld aus! Zwar hat man hier auch überlegt, das Militär um Hilfe zu bitten. Aber die Wissenschaftler befürchten, die Soldaten könnten dann andere Schäden anrichten.

Ein weiteres Problem sind die verwilderten Hausschweine – auf Fernandina einige Tausend! –, deren Rüssel sich schon fast wie bei Wildschweinen ausgebildet haben. Damit durchwühlen sie die Erde nach Schildkröten- und Vogeleiern, um sie zu fressen. – Auch verwilderte Katzen gibt es in großer Zahl, die Jungvögel jagen. Sie haben leichtes Spiel, denn die Vögel kennen hier ja keine natürlichen Feinde. Ein weiteres Problem sind verwilderte Hunde, die die Tiere totbeißen und dann liegen lassen.

Auf dem Gelände der Darwin-Station gedeihen nicht nur besondere Tierarten, sondern auch seltene Pflanzen. Dazu gehören ungewöhnlich hohe Opuntien. Diesen hohen Wuchs erreichen sie, weil sie andere halbhohe Bäume überragen müssen, um von den Vögeln und Insekten entdeckt zu werden.

Statt mit dem Bus zurück zum Hafen zu fahren,

gehen Heinrich und ich lieber zu Fuß, um einen ungefähren Eindruck von Puerto Ayora zu erhalten. Es ist mit 12.000 Einwohnern der größte Ort des Galapagosarchipels. Wir sind allerdings ein wenig in Zeitdruck, denn auf dem Hinweg gehörten wir zur zuletzt ausgebooteten Gruppe und sind damit auch die Letzten, die die Darwin-Station verlassen. Zum Ausgleich hat Carlos uns jetzt eine zusätzliche Viertelstunde »Landurlaub« bewilligt.

Unterwegs kaufen wir einige Postkarten, die wir abends schreiben und dann der Frau des Zahlmeisters der SANTA CRUZ zur Weiterspedition übergeben; sie leitet an Bord die Boutique und die Poststelle. Wie wir später erfahren, sind unsere Karten jedoch nie angekommen. Vielleicht hängt dies damit zusammen, dass das Schiff – kaum sind wir am letzten Tag endgültig von Bord gegangen – auf Grund gelaufen ist!

Puerto Ayora sieht gepflegt aus und wirkt fast wohlhabend. Diesen Anschein vermitteln jedenfalls die zahlreichen Segel- und Motorjachten, die im Hafen liegen. – Trotz der knappen Zeit sind wir pünktlich am Zodiac-Landeplatz. Es ist kurz nach sechs Uhr und wird schon dämmerig. Mit uns im letzten Boot zur SANTA CRUZ sitzt auch unser schöner, schüchterner Kapitän.

Am 28. November gehen wir vormittags von Bord der SANTA CRUZ. Als wir in die Zodiacs klettern, beobachten wir, wie eine Meeresschildkröte um den Bug des Schiffs herumpaddelt. Natürlich deuten wir dies als freundlichen Abschiedsgruß der Tiere auf den Galapagosinseln.

Eigentlich hätten wir in Baltra zur Weiterreise direkt auf die HANSEATIC übersteigen sollen. Das Schiff hat jedoch keine Erlaubnis erhalten, hier zu ankern und ist weiter südlich nach Manta gefahren. Dorthin müssen wir jetzt fliegen.

Während der Busfahrt zum Airport werden wir von einem Soldaten in Tarnuniform samt Maschinenpistole begleitet. Unterwegs haben wir noch ein merkwürdiges Erlebnis. Als wir gerade eine Anhöhe hinauffahren, ruft der Soldat plötzlich »Stopp!« Der Fahrer bremst so abrupt, dass ein hinter uns fahrender Lastwagen seitlich ausscheren muss, um uns nicht zu rammen; erst knapp neben uns kommt er zum Stehen. Der Grund für dieses Manöver: Ein Flugzeug, das im Landeanflug beängstigend tief über uns hinwegdonnert. Ob die Situation tatsächlich gefährlich gewesen ist, können wir nicht beurteilen. Vielleicht wollte der Soldat sich auch nur wichtig machen. Oder er hatte schwache Nerven.

oben: Rotfußtölpel   unten: Maskentölpel

Prachtfregattvögel
oben: Männchen unten:Weibchen

oben: Pelikan im Flug
unten: Rote Klippenkrabben

Insel Bartolome
oben: mit Pinnacle Rock (re.)
unten: erstarrte Lava

oben: Balsambäume auf der Insel Genovesa
unten: Kratersee auf der Insel Bartolome

oben: Wächterbulle mit Herde
unten: … erschöpft!

Jungtiere

oben: Meerechsen
unten: Riesenlandschildkröte

Südamerikas Westen
Das Schiff

Nachdem wir nur eine Viertelstunde in der primitiven Halle von Baltras kleinem Abfertigungsgebäude gewartet haben, starten wir gegen Mittag mit einer gecharterten Boeing der ecuadorianischen Fluggesellschaft TEMA nach Manta. Bis auf zwei oder drei andere Gäste sind wir »Galapagos-Leute« in der Maschine unter uns. Es werden Getränke serviert und danach ein akzeptables Mittagessen, dann wieder Getränke, und damit ist der rund eineinhalb Stunden dauernde Flug auch schon um. Kurz vor fünfzehn Uhr Ortszeit (wir haben unsere Uhren eine Stunde wieder vorgestellt) landen wir sicher in Manta.

Nach zügiger Einschiffung sind wir bereits gegen vier Uhr nachmittags an Bord der HANSEATIC. Unser großes Gepäck, das wir seit Quito nicht mehr gesehen haben, erwartet uns auf der Kabine.

Das Abendessen ist vorzüglich, allerdings kommen wir uns vor wie in dem Sketch von Loriot, in welchem der Gast nach jedem Bissen mindestens von einem Mitglied des Personals gefragt wird, ob es denn auch geschmeckt habe.

Am 29. November, unserem ersten Tag auf See, ist

es zwar sonnig, aber mit 20 °C unerwartet frisch.

Heute Abend findet der Willkommens-Cocktail statt. Der Kapitän, ein großer, kräftig gebauter Mann in mittleren Jahren und knapp sitzender Uniform, stellt seine Offiziere vor und natürlich auch den Küchenchef. Von dessen Können hängt im Wesentlichen das Wohlbefinden und die Stimmung der Menschen an Bord ab. Deshalb wird er allgemein gern als »wichtigste« Person (nach dem Kapitän) bezeichnet.

Inzwischen ist es schon Sonnabend, der 30. November geworden. Unser Schiff ist nicht ausgebucht; statt 184 sind wir nur höchstens 100 Passagiere. Im Restaurant liegt heute Abend über der weißen Tischdecke ein breites rotes Seidenband, es brennen rote Kerzen, und der ungarische Steward Zoltan und Svenja, die deutsche Stewardess, die nach dem Abitur ein Praktikum auf dem Schiff absolviert, eilen herbei, um synchron unsere kunstvoll gefalteten Servietten auseinanderzunehmen und uns auf den Schoß zu legen. Auch später erscheinen sie fast immer gleichzeitig, um nach kurzem Verständigungsblick vollkommen synchron zu servieren.

Isla Lobos de Tierra & Isla de Afuera (Peru)

Auf dem Programm stehen für heute Zodiac-Fahrten zu den peruanischen Inseln Lobos de Tierra und Lobos de Afuera. Auf diesen Inseln soll es viele Seelöwen, Tölpel und Pelikane geben. Leider hat der Kapitän es nicht geschafft, eine Landeerlaubnis für unsere Boote zu erhalten. Wir sind jetzt in Peru, wo man behördlicherseits sehr penibel sein soll. Nun können wir die Inseln also nur mit dem Schiff umrunden. Vom obersten Deck aus beobachten wir unzählige Pelikane und Tölpel: Die Pelikane, die dicht übers Meer streichen, und in langer Reihe die Tölpel, die hoch oben entlangziehen auf der Jagd nach Beute und plötzlich senkrecht hinunterstoßen. Wir sehen die im Sprung gewölbten Rücken der unheimlich schnellen Seelöwen, deren Fell im Wasser schwarz glänzt, und die hier sich oftmals in Rudeln zu dritt bewegen.

Vor der Isla Lobos de Tierra, wo die Guano-Fabrik aus saisonalen Gründen zurzeit nicht in Betrieb ist, liegt unser Schiff eine Weile, ohne zu ankern. Vier oder fünf Boote mit Einheimischen kommen herangefahren und bedeuten uns mit Handbewegungen, doch an Land zu kommen. Monika, unsere Reiseleiterin, erklärt auf Spanisch, leider hätte man uns dazu keine Erlaubnis gegeben. Einige spanische Sätze gehen hinauf und hinunter. Schließlich gibt unser Schiff ein langes Typhonsignal, die Fischer halten sich die Ohren zu und drehen mit ihren Booten ab.

Als wir uns danach ein wenig auf der Brücke umsehen, weist der Kapitän den Ersten Offizier gerade an, zunächst auf 10 und danach auf 12 Knoten Reisegeschwindigkeit zu gehen. Er bespricht mit ihm den morgigen Tag, an dem wir in Salaverry an der Pier festmachen werden. Es müsse mit den Papieren alles sehr genau sein, denn auf der vorigen Reise hätten die peruanischen Behörden einige Beanstandungen vorgebracht. Er habe die Behördenvertreter für morgen sieben Uhr an Bord gebeten, erstaunlicherweise wollen sie jedoch bereits um halb fünf kommen – trotz des Sonntags! Am kleinen Steuerruder sitzt ein Philippiner im Blaumann und hält mit aufmerksamem Blick auf den Kompass das Schiff auf vorgegebenem Kurs.

Wir nähern uns immer mehr dem Bereich des Humboldtstroms, der kaltes Wasser aus der Antarktis mit sich führt. Dies erklärt auch die relativ kühlen Lufttemperaturen. Heute Morgen waren es nur 18 °C.

Inzwischen ist es fünf Uhr nachmittags geworden. Von halb drei Uhr an fuhren wir zwei Stunden in sehr langsamer Fahrt an der Isla Lobos de Afuera vorbei. Auch dies ist eine Vogelinsel. Sie ist stark strukturiert durch Felseinschnitte und spitze Berge, die weiß von Vogelkot schimmern. Bis acht Meter hoch soll der Guano hier lagern! Zwei Leuchttürme erkenne ich und eine breite Straße. Unzählige Tölpel und Pelikane – noch mehr als heute Morgen auf der Isla Lobes de Tierra – beobachten wir. In der Nähe des größeren Leuchtturms ist die Luft fast schwarz von ihnen! Übers Wasser streifen sie wie an einer Leine gezogen auf der Jagd nach einer Fischmahlzeit.

Die Wolken haben sich mittlerweile völlig aufgelöst, bei blauem Himmel ist es jedoch noch leicht diesig. Der intensive Guanogestank, der sich übers Schiff gelegt hatte, während wir uns im Bereich der beiden Inseln aufhielten, hat sich verzogen. Doch der Wind pfeift über die Decks, draußen ist es kalt und ungemütlich geworden.

Salaverry (Peru)

Am frühen Morgen des 01. Dezember werden wir von einer lang gezogenen Dünung wach, die uns von einer Seite auf die andere wiegt, sodass ich das Gefühl habe, gleich aus dem Bett zu fallen. Kurz darauf klirren Scherben: Ein Glas ist zerbrochen, der Obstkorb ist vom Tisch gerutscht, bis in die äußerste Ecke ist ein Apfel gerollt. Wie elektrisiert springen Heinrich und ich auf, um zu sichern, was eventuell sonst noch umkippen könnte. Doch bald lässt die Dünung etwas nach, die Schiffsbewegungen werden ruhiger.

Die HANSEATIC hat mittlerweile in Salaverry an der Pier des Hafens festgemacht, der durch eine lange Mole Schutz bietet. Sowie wir an Deck gehen, überfällt uns bestialischer Gestank von Gammelfisch. Tatsächlich ist ganz in der Nähe eine Fischmehlfabrik, in die auf einem offenen Laufband die zu verarbeitenden Produkte transportiert werden, und das sogar am heutigen Sonntag! Dieser Gestank hält sich den ganzen Tag, sodass wir uns draußen nicht lange aufhalten mögen.

Heute – es ist übrigens der erste Advent – unternehmen wir einen Ausflug in die Nähe von Trujillo, um die »Tempel (auch als Pyramiden bezeichnet) der Sonne und des Mondes« zu besichtigen. Unser einheimischer Guide ist der zwanzigjährige Carlos – Student der Mathematik, wie wir später erfahren. Sein peruanischer Vater hatte noch zu DDR-Zeiten in Dresden ebenfalls Mathematik studiert. Von dort brachte er nicht nur sein deutsches Diplom, sondern auch seine deutsche Frau und den gemeinsamen Sohn mit nach Peru. Und dies erklärt natürlich das gute Deutsch des sympathischen jungen Mannes.

Im Bus haben wir überraschenderweise sogar die begehrten ersten beiden Plätze auf der rechten Seite frei vorgefunden. Bevor wir aus dem umzäunten Hafengelände herausfahren, müssen wir an der Pforte halten, die dann von einem Polizisten in brauner Uniform geöffnet wird. Sein Kollege mit schusssicherer Weste, Maschinenpistole im Halfter und Patronengürtel, besteigt den Bus. Offenbar eine Kontrolle – weshalb, wissen wir nicht. Nachdem er sich flüchtig umgesehen hat, steigt er wieder aus und für uns geht es weiter.

Zunächst befahren wir eine neue mehrspurige Straße, neben der sich die Wüste mit hellbraunem Sand ausdehnt. »Sieht aus wie auf Sylt«, meint Heinrich, nur eben mit dunklerem Sand. Der Straßenrand ist übersät mit Papier und anderem Müll. Bald ändert sich jedoch das Bild. Statt der Wüste erstrecken sich neben der Straße ausgedehnte Gemüseplantagen. Auf einem riesigen Feld sind zahlreiche Leute gerade beim Spargelstechen. Die Spargel-Industrie hat sich in den letzten Jahren so gut entwickelt, dass sie an die Stelle der zurückgehenden Zuckerrohrindustrie treten konnte. Die Straße ist zwar neu, aber bereits sehr ausgefahren. Bald muss der Bus eine komplizierte Wende mit Vor- und Zurücksetzen durchführen, um im spitzen Winkel auf den ungepflasterten Weg zu den »Pyramiden« zu gelangen.

Danach fahren wir durch ein Dorf mit Arbeiter- oder Landarbeiterhäusern zu beiden Seiten der Straße. Der schmale Weg ist ziemlich holperig. Entgegenkommende Fahrzeuge weichen aus oder halten an, um uns passieren zu lassen. An einer Seite fließt in einem Betonbett ein vom Fluss Moche abgeleiteter Bach mit klarem Wasser. Ab und zu sieht man weitere, mit Sperrhähnen versehene Ableitungen, die das Wasser auf die Felder bringen. Die Frauen waschen in diesem schnellfließenden Bach ihre Wäsche; Trinkwasser holen sie in Kanistern aus einem Brunnen.

Schließlich erreichen wir ein riesiges Areal, auf dem sich mitten in der hellbraunen Wüste zwei Sandhügel erheben: die Pyramiden der Sonne und des Mondes. Hier befindet sich das vom 1. bis 5. Jahrhundert durch die Mochicas gebaute religiöse Zentrum. Diese (auch Mocha genannte) Kultur wurde später von derjenigen der nacheinander herrschenden Inkafürsten abgelöst. Viele Elemente der Mocha-Kultur lebten jedoch weiter, wie dies auch Elemente der Inka-Kultur in den nachfolgenden taten. Die Pyramidenform hat der versandete, aus luftgetrockneten Lehmziegeln errichtete Mondtempel dadurch erhalten, dass im Laufe der Jahrhunderte eine Kultstätte über der vorigen, inzwischen versandeten errichtet wurde.

Die Sonnenpyramide dagegen sollen der Legende nach 250.000 Männer in nur drei Tagen aus 70 Millionen Lehmziegeln erbaut haben. Sie stellt sich uns wie ein Hügel mit verschiedenen Kuppen und Mulden dar. Mit der Freilegung dieses Tempels wurde noch nicht begonnen, da unter dessen Sandmassen weniger kulturgeschichtlich Interessantes als bei der Mondpyramide vermutet wird. Wir erklimmen die Sonnenpyramide etwas halsbrecherisch auf steilen unebenen Lehmziegelstufen. Von oben in ungefähr vierzig Metern Höhe blicken wir auf den gegenüberliegenden Mondtempel und zur anderen Seite auf die fruchtbare grüne Mocha-Ebene.

Genau wie die Pyramiden sind hier auch die heutigen Wohnhäuser vollständig aus Lehmziegeln gebaut. Sie werden aus dem vorhandenen Boden gewonnen. Deshalb liegen die Hütten, an denen wir gerade vorbeigefahren sind, tiefer als die Straße: Man nimmt das Baumaterial einfach von der Stelle, an der es gebraucht wird. – Die Lehmziegel für die Pyramiden wurden in Form einer Steuer erhoben. Jedes Dorf hatte soundsoviel Stück zu liefern. Um dies zu kontrollieren, mussten die Dörfer ihre Ziegel kennzeichnen. Wir sehen später auf dem Tempel des Mondes diese Markierungen, z. B. den Abdruck von fünf Fingern oder einem Viereck, Kreis, Dreieck. Spirale u. Ä.

Bald klettern wir vom Sonnentempel wieder hinunter. Über den weiten Platz, der mit dem feinen Sand der Wüste bedeckt ist, fahren wir jetzt mit dem Bus das kurze Stück hinüber zur Mondpyramide Hier hat man mit den mühseligen Ausgrabungen begonnen. Zum Schutz vor Sonne und Staub besitzen die Grabungsstellen teilweise ein Flechtmattendach aus Zuckerrohr- oder Maisblattwerk. Gut erhaltene Wandmalereien wurden bereits freigelegt. Deren Naturfarben rot, gelb, weiß, schwarz haben die Jahrhunderte unbeschadet überdauert. Man hat ehemalige Kammern der Mocha-Priester und Verliese sowie Stätten gefunden, an denen Menschenopfer stattfanden. Das Blut von jungen Leuten wurde »gebraucht« für die weisen Alten, damit diese weiterleben konnten. Die Jungen, so heißt es, betrachteten dieses Opfer als besondere Ehre, die ihnen und ihrer Familie zuteil wurde. Archäologen haben unzählige enthauptete Skelette gefunden.

Unser Guide Carlos beklagt, der Sponsor dieser Ausgrabungen (eine Bierbrauerei) versuche, zu viel Einfluss auf die Arbeit der Wissenschaftler zu

45

nehmen. Aber natürlich müssen Schwerpunkte gesetzt werden, denn es bräuchte unwahrscheinlich viel Geld und Zeit, tatsächlich alle sieben (!) übereinanderliegenden Schichten der Bauten auszugraben. Bis jetzt [1996] wurden erst einige Teile von fünf Schichten freigelegt, und noch ist völlig offen, was sich darunter in der 6. und 7. befindet. Dass sich überhaupt etwas unter dem versandeten Lehmhügel verbirgt, wurde erst durch ausländische Grabräuber bekannt.

Auf dem Gelände der Mondpyramide halten wir uns eine ganze Weile auf. Die Sonne hat hier enorme Kraft, und ich bedaure, meine Mütze im Bus gelassen zu haben.

Den Rückweg nehmen wir wieder durch das Dorf mit dem schnell fließenden Bach. Wie auf der Hinfahrt begegnen uns Esel, Maultiere und Hunde. Häufig sind die Lehmziegelhütten blau getüncht. Einige von ihnen heben sich von der übrigen Schlichtheit auch dadurch ab, dass davor Blumen in den Wüstensand gepflanzt oder am Haus selbst Verzierungen angebracht wurden.

Unsere Fahrt geht weiter nach Trujillo, der Hauptstadt des Verwaltungsbezirks La Libertad. Das Stadtbild wirkt aufgeräumt und gepflegt. Es ist Sonntag, die Straßen sind voller Leben. Man sieht viel Polizei, was uns Rückschlüsse auf die »besondere Form von Demokratie« des japanstämmigen

Präsidenten Fujimori ziehen lässt.

Als Erstes hält unser Bus in einer engen Gasse der Altstadt. Hier besichtigen wir die Casa Orbegoso, einen Prachtsitz aus dem 18./19. Jahrhundert, seinerzeit erbaut und bewohnt vom spanischen Marschall Orbegoso. Auch hier ist wieder die Polizei präsent: zierliche junge Männer in olivbraunen Uniformen mit schusssicherer Weste und Maschinenpistole. Als ich einen von ihnen frage, ob ich ihn filmen dürfe, nickt er zustimmend. Doch dann verschwindet er hinter einer Ecke und murmelt »Money, money!« Aber so interessant finde ich ihn nun auch wieder nicht, dass ich seinetwegen mein Portemonnaie umständlich herauskrame und ihn und mich dadurch womöglich in Schwierigkeiten bringe!

Dieser »Palast« ist noch so möbliert, wie er von seinem Bewohner hinterlassen wurde, und dabei wird offensichtlich, dass er ein reicher Mann gewesen sein muss. Bezeichnenderweise stammt kein Stück der Einrichtung aus Peru, sondern alles wurde per Schiff aus Spanien hergebracht: Ölbilder mit Militärs in Uniform, Bilder mit tief decolletierten Damen sowie Putten, Polstersessel, mit Schnitzereien verzierte Kommoden und Schränke und als damals fortschrittliche Rarität eine Marmorbadewanne. Es gibt eine Wasserablaufrinne zum Innenhof, auf den die vergitterten Fensterchen der Dienerkammern gehen.

Anschließend fahren wir weiter bis zur Kathedrale. Die beiden seitlichen Türme sind ungewöhnlich kurz, denn nach der Zerstörung durch ein Erdbeben 1619 wurden sie nicht wieder in ihrer ursprünglichen Höhe aufgebaut. In einer Seitenkapelle findet gerade ein Gottesdienst statt, an dem nur Frauen teilnehmen – einige von ihnen haben ihren Kopf mit einer weißen Mantille bedeckt. Murmelnd wird das Vaterunser gesprochen. Nach einer Weile bewegt sich der Zug der Frauen nach vorn zum Hauptaltar, ihnen voran der Priester mit weißem Spitzenüberwurf, der eine Monstranz hochhält. Einige Frauen tragen rote Lämpchen, andere üppige Gladiolensträuße. Vor dem Hauptaltar arrangieren sie die Blumen in Vasen und deponieren die Lämpchen. Ihr anhaltender, etwas brüchig klingender Gesang wird plötzlich durch wuchtige Glockenschläge aus den beiden Türmen übertönt: halb zwölf. Im Kirchenschiff herrscht eine konzentriert andächtige Atmosphäre, der ich mich kaum entziehen kann.

Die Kathedrale liegt an der Plaza de Armas. Dies ist ein riesiger Platz mit gepflegten Blumen- und Rasenrabatten. Die von der Mitte strahlenförmig ausgehenden breiten Wege sind vollständig mit großen Steinplatten gepflastert, die wie poliert glänzen. Kein Fitzelchen Papier oder anderer Abfall liegt herum! Auch hier patrouillieren mehrere Polizisten. Am Sonntagvormittag tummeln sich auf dem Platz Familien mit ihren herausgeputzten Kindern. Ein Fotograf mit altmodischer Plattenkamera samt schwarzem Tuch und Holzstativ wartet geduldig auf Kundschaft. Den Mittelpunkt der Anlage bildet ein Freiheits-Denkmal, dessen Spitze von der Figur eines Mannes mit einer Fackel in der rechten Hand gekrönt wird. Diese Statue wurde von Bildhauer Edmund Moeller in Hamburg geschaffen und anschließend von dort nach Trujillo verschifft.

Als wir später wieder an Bord der HANSEATIC gehen, fällt mir erst jetzt an der Gangway ein Soldat auf in Kampfstiefeln, langärmeliger Jacke, schusssicherer Weste, Namensschild an der Brusttasche, mit Schirmmütze und umgehängtem Karabiner. Welche Aufgabe er erfüllt, wissen wir nicht. Vermutlich ist er zu unserem »Schutz« hier.

Von unserem Kabinenfenster aus beobachte ich, wie die Ladebäume der in der Nähe liegenden Schiffe Netze mit Früchten ein- oder ausladen. Uns gegenüber hat ein Schiff der peruanischen Marine festgemacht. Auf der anderen Seite der Hafenbucht erheben sich riesige hellbraune Berge, die jetzt im Dunstschleier liegen. Auf einem von ihnen steht ein Leuchtturm.

Unser Kapitän verkündet, wir würden eine halbe Stunde früher als geplant den Hafen verlassen, damit die starke Dünung jenseits der Mole uns nicht gerade beim Abendessen stört. Zur vereinbarten Zeit warten wir allerdings vergeblich auf den Lotsen, der schließlich mit erheblicher Verspätung erscheint. Aber auch die Dünung verspätet sich oder hält sich in Grenzen, sodass wir kaum etwas davon bemerken. Die Ausfahrt aus dem Hafen ins offene Meer erleben wir vorn an Deck. Am hellen Abendhimmel schweben fedrige, hellrosa Wolkenfetzen. Davor schwirrt ein Schwarm unzähliger Vögel, der wie ein sich bewegender schwarzer Vorhang wirkt.

Am 02. Dezember sind wir den ganzen Tag auf See und haben Zeit und Ruhe, die Eindrücke der letzten Tage zu verarbeiten.

Abends gehen wir relativ früh schlafen, denn die nächsten Tage werden wahrscheinlich etwas anstrengend: Unser mehrtägiger Ausflug nach Cuzco und Machu Picchu steht bevor.

Callao – Cuzco (Peru)

Pünktlich um sieben Uhr morgens am 03. Dezember macht unser Schiff im Hafen von Callao fest. Ebenfalls planmäßig geht es per Bus zum Regional-Flughafen von Lima. Die Hafenstadt Callao macht einen relativ sauberen, gepflegten Eindruck. Auch hier ist viel Polizei und Militär präsent. Auf dem Airport müssen wir die übliche Zeit warten. Ich beobachte Frauen, die eifrig die Innenwände des Abfertigungsgebäudes schrubben. Um die Linienmaschine der Aeroperu zu erreichen, wandern wir ein Stück übers Rollfeld. Der Flug nach Cuzco dauert nur eine Stunde. Gleich nach unserer Ankunft umtanzen uns dort unzählige kleine weiße Fliegen, die sich zum Glück aber bald verziehen, das Gleiche tun die Souvenirverkäufer.

»Cuzco – die Wiege Südamerikas« liegt auf einer Höhe von 3.248 Metern. In drei Gruppen zu jeweils fünfzehn Personen fahren wir mit Kleinbussen zum »Hotel Libertades«. Allerdings dauert die Fahrt dorthin erheblich länger als die angekündigten zehn Minuten, denn die Straßen sind hoffnungslos verstopft. Der Grund: In der Innenstadt findet eine Demonstration von Studenten statt. Wir hören Rufe aus der erregten Menge, sehen einen Sprecher mit hochgereckten Armen im Mittelpunkt der Szene stehen und beobachten, wie aus den Seitenstraßen Menschen herbeieilen. Am Straßenrand halten sich Militär und Polizei bereit, und unwillkürlich überlege ich, wo man hier im vollgepackten Kleinbus Schutz vor verirrten Kugeln suchen könnte. Aber unser Busfahrer fackelt nicht lange: Rücksichtslos wendet er unser Fahrzeug blechscheppernd auf der übervollen Straße und gelangt nun auf Umwegen zum Hotel. Dort werden wir bereits in der Hotelhalle mit einem Koka-Mate-Tee empfangen. Und zwar, um etwaigen durch die Höhe bedingten Kreislaufschwierigkeiten entgegenzuwirken. Wir setzen uns in das Restaurant und schlürfen gehorsam das Getränk. Uns wird geraten, auch die darin herumschwimmenden lorbeerblattähnlichen Kokablätter zu kauen. Noch spüren wir die Höhe nicht, aber trotzdem bewegen wir uns ungewohnt bedächtig.

Unser geräumiges Zimmer im spanischsüdamerikanischen Stil ist mit Schränken, die kunstvolle Schnitzereien aufweisen, und mit handgewebten rotbraunen Tagesdecken auf den beiden breiten Betten ausgestattet. Das Haus rangiert als Fünf-Sterne-Hotel – natürlich peruanische Sterne. Wir ruhen uns noch ein wenig aus und gehen nach einer Stunde hinunter zum Mittagessen, das in Form eines Büfetts angeboten wird. Während der Mahlzeit unterhält uns eine indianische Folklore-Gruppe. Selbstverständlich darf das bekannte Lied

»El Condor Pasa« nicht fehlen, und es fehlt auch nicht, dass die Musikanten später herumgehen, um ihre Kassetten zu verkaufen.

Nach dem Essen haben wir wieder Gelegenheit, eine Stunde zu ruhen, um uns an die Höhe zu gewöhnen. Danach starten unsere kleinen Busse zur Rundfahrt durch die um 1200 von Inkafürsten gegründete Stadt. 1533 wurde sie von den Spaniern erobert; sie zählt heute 280.000 Einwohner. Als Erstes fahren wir eine kleine Anhöhe hinauf zur ehemaligen Klosterkirche Santo Domingo. Nachdem sie 1950 durch ein Erdbeben zerstört worden war, kam ein viel älteres Bauwerk zum Vorschein, und zwar ein Inka-Sonnentempel. Die mächtigen behauenen Quader aus hartem Granit waren so akkurat auf- und ineinandergefügt worden, dass »in die Fugen nicht einmal ein menschliches Haar passen würde«, behauptet unsere junge einheimische Reiseleiterin Marielle. »Gelobt sei das Erdbeben«, meint sie, »durch das wir hier so etwas Wunderbares gefunden haben!« Auf einem Rasenplatz unterhalb dieser Anlage sind Archäologen immer noch mit Ausgrabungen beschäftigt.

Auf unserer weiteren Fahrt registriere ich unterwegs gelben Ginster und blaue Lupinen, die am Straßenrand gerade in voller Blüte stehen. Die Kathedrale in spanischer Bauart mit den üblichen seitlichen Türmen, aber sonst in der Form einer Basilika mit mehreren angebauten Kirchen, ist unser nächstes Ziel. Sie besitzt die älteste Glocke Südamerikas, die vor über dreihundert Jahren aus Gold, Silber und Bronze gegossen wurde. Im Innern der Kirche befinden sich verschiedene silberbeschlagene Altäre – der Hauptaltar besteht sogar aus Massivsilber! – und Schreine sowie ein schwarzer Christus. Der dunkle »Indio-Christus« soll ursprünglich heller gewesen sein, doch der Rauch der vielen Kerzen hat im Laufe der Jahrhunderte das Holz geschwärzt. Dieser Christus trägt einen prachtvollen, mit funkelnden Steinen besetzten kniekurzen Wickelrock. Davon besitzt er mehrere ebenso kostbare, die ihm im Laufe des Kirchenjahres von seiner »Bruderschaft« angelegt werden, erklärt uns Reiseleiterin Marielle. Schöne Indianerschnitzereien sind hier zu bewundern, die allerdings spanisch beeinflusst sind. Ursprünglich kannten Indios die Kunst der Holzschnitzerei nämlich gar nicht. Sie erlernten sie erst in einer Schnitzschule, die die Kolonialherren eingerichtet hatten. Verarbeitet wurde hauptsächlich das hier heimische Zedernholz.

Auf den Stufen vor der Kathedrale hocken dunkelhäutige Bettlerinnen. Die Bevölkerung Perus setzt sich heute zu 40 % aus Indios, 20 % aus Weißen und 40 % aus Mestizen zusammen. Zu den Letzteren gehört ganz offensichtlich unsere ausgesprochen hübsche Marielle.

Mit dem Bus fahren wir dann auf schnurgeraden, beängstigend steilen und engen Straßen die Stadt hinauf zu einem festungsartigen Bauwerk von gewaltigen Ausmaßen. Es stammt ebenfalls aus der Inka- bzw. auch noch Vor-Inka-Zeit: Sacsahuamán heißt es auf Quechua, einer Sprache, die bis heute vom überwiegenden Teil der Indios im Lande gesprochen wird. Langsam wandern wir über einen riesigen grasüberwachsenen Platz. Er wird terrassenförmig eingegrenzt von haushoch aufeinandergetürmten, behauenen und unbehauenen Steinquadern und -blöcken und natürlichen Felsen. Die Terrassen bis zu einer Höhe von zwanzig Metern sind begehbar. Es wird ein recht sportlicher Spaziergang, denn viele hohe Steinstufen und Unebenheiten sind zu überwinden.

Von hier aus wandern wir weiter zum Inka-Kultplatz Kenko mit Sitzen und Altären aus mächtigen behauenen Steinen. Ein wunderbarer Blick bietet sich uns von dort auf die roten Ziegeldächer der tief unter uns liegenden Stadt mit ihren wie ineinander verschachtelt wirkenden Häusern. Anschließend besuchen wir eine ehemalige Opferstätte in einer Felshöhle. Gebückt bewegen wir uns durch natürliche enge Felsspalten, die von den Inka-Baumeistern geschickt mit eingefügten, behauenen Steinen ergänzt wurden.

Später besichtigen wir eine heilige Quelle der Inka. Hier hocken einige Indio-Händlerinnen und bieten ihre Handarbeiten feil. Wir beobachten, wie sie ohne Hilfsmittel mit den Fingern Wolle spinnen, andere Frauen stricken oder sticken. Überhaupt scheinen die Indianerinnen ungeheuer fleißig zu sein, viele sieht man gleichzeitig sogar mehrere Tätigkeiten ausüben. Sie sind sehr geschickt mit ihren Händen und besitzen offenbar ausgezeichnete Augen für feinste Arbeiten.

Hier an der heiligen Inka-Quelle beobachte ich, wie sich eine Indiofrau nähert. Sie trägt ein riesiges Bündel von Maisstrohstengeln auf dem Rücken, das durch ein Tuch zusammengehalten wird, und zieht an einem Strick ein Alpaka-Schaf hinter sich her. Als sie uns Touristen bemerkt, lässt sie sich an einem Platz nieder, um uns in Ruhe neugierig zu betrachten. Dadurch entgeht ihrer Aufmerksamkeit, dass das Tier sich inzwischen an den grünen Spitzen ihres Strohbündels gütlich tut.

Die hellbraunhäutigen, kleinwüchsigen Indiofrauen gehen sogar innerhalb der großen Stadt Cuzco noch so gekleidet, wie man es sich gemeinhin vorstellt: kniekurze, schwingende bunte Röcke (davon mehrere übereinander), die sie etwas unförmig aussehen lassen. Auf dem Kopf tragen sie hohe schwarze Filz- oder auch helle Strohhüte, die wie Männerhüte aussehen. Ältere wie junge Frauen haben ihr blauschwarzes glattes Haar in zwei Zöpfe geflochten, die auf dem Rücken oft bis zur Taille reichen. Hier laufen die meisten Indianerinnen barfuß. Man sieht Frauen, die ihr Kind in einem

Tuch auf dem Rücken tragen, eines an der Hand haben und dazu noch hochschwanger sind. Marielle erwähnt, das Tragen der Kinder auf dem Rücken sei für diese sehr ungesund, da sie erst spät zu laufen beginnen – manchmal sogar erst mit zwei Jahren. Seit Kurzem soll in Peru ein Familienplanungsprogramm existieren, das mit Aufklärung sowie mit Verteilung von Verhütungsmitteln die Familien vor übergroßer Kinderzahl bewahren will.

Das Abendessen nehmen wir wieder mit Folklore-Musik-Untermalung ein. Diesmal gehört sogar eine Tanzgruppe dazu. »El Condor Pasa« ist offenbar bei allen touristischen Anlässen obligatorisch, und am Ende unseres Peru-Aufenthalts sind wir dieser Melodie ziemlich überdrüssig. Immerhin lernen wir dabei aber ein uns bisher unbekanntes Instrument kennen, und zwar das Regenholz. Es ist ein oben und unten verschlossenes Holzrohr, das mit einer kleinen Menge getrockneter Getreidekörner gefüllt ist. Mit beiden Händen wird es langsam oder etwas schneller um seine schräg gehaltene Längsachse gedreht, sodass innen das Getreide von einer Seite zur anderen hindurchrieselt. Dies soll beginnenden Regen oder auch Platzregen beschreiben, und beim »vorbeifliegenden Kondor« klingt es sehr authentisch. Ansonsten wird mit kleinen und sehr großen Panflöten, Blockflöten, verschiedenen Gitarren und Trommeln musiziert.

Unser Hotel liegt in einer engen Seitenstraße, in die der Bus rückwärts hineinfährt. Als solches ist es gar nicht zu erkennen, denn den Eingang kaschiert ein unscheinbares Holztor, das erst bei Bedarf von innen zurückgeklappt wird. Das Gebäude wurde auf und zum Teil auch innerhalb von Mauern aus der Inka-Zeit errichte. und es ist schon merkwürdig, heute an einem Tisch direkt neben diesen vor mehr als fünfhundert Jahren bearbeiteten Granitquadern die Mahlzeiten einzunehmen!

Nach dem Abendessen gehen wir auf den Innenhof, der unregelmäßig mit kleinen eiförmigen Steinen gepflastert ist. In seiner Mitte befindet sich außer einem Springbrunnen ein inzwischen versiegter und abgedeckter Brunnen, auf dem Blumenkübel stehen. Um das Viereck des Hofes verläuft ein Bogengang mit zierlichen Säulen; von dort geht es in verschiedene Büros und in ein Souvenir-Geschäft. Auf diesem Hof hören wir jetzt Schallplatten-Musik mit südamerikanischer Folklore. Unsere Serviererin und andere vom Hauspersonal und sogar der Restaurantchef in weißem Dinner-Jackett sind dabei, einen Tanz einzuüben. Bei den verschiedenen Tanzfiguren dienen weiße Tafelservietten als Verbindungs- und Trennelement. Mit natürlicher Grazie und ohne Verlegenheit vor den Blicken von uns Gästen sind die jungen Leute mit sichtlicher Freude bei der Sache. Später gesellt sich noch die Gruppe der Küchenjungen und Köche dazu. In ihren weißen Overalls mit weißen Schürzen und Käppis tragen sie jeder eine leere Flasche in der Hand und zelebrieren überzeugend einen Tanz Betrunkener.

Leider stellen sich bei mir die durch die dünne Luft der Höhe bedingten Kopfschmerzen ziemlich bald ein. Nachts schlafe ich kaum, obwohl ich todmüde bin. Das Herz schlägt beängstigend schnell, was vermutlich der Wirkung des vielleicht doch zu reichlich genossenen Koka-Mate-Tees zuzuschreiben ist.

Machu Picchu (Peru)

Um halb fünf weckt uns am 04. Dezember der Morning-Call, schon eine Stunde später fährt der Zug nach Machu Picchu ab. Erstaunlich viel Leben ist so früh in der Stadt, als wir mit dem Bus zum Bahnhof fahren! Zahlreiche Leute sind auf dem Weg zur Arbeit, und die Händler bauen gerade ihre Stände für den Markt auf, der in einem bestimmten Viertel täglich auf Straßen und Fußwegen stattfindet. Nachts hat es geregnet und sogar gedonnert und geblitzt, auch jetzt ist das Pflaster noch nass.

Der Schmalspur-Zug ist relativ komfortabel. Unsere Erste Klasse hat sogar Polstersitze, die hintereinander angeordnet sind: zwei Bänke mit zwei Plätzen und dazwischen ein schmaler Mittelgang. Während der gesamten mehrstündigen Fahrt steht hinten in unserem Waggon ein bewaffneter Polizeioffizier, der offenbar für unseren Schutz sorgen soll. Der Zug fährt pünktlich ab. In vier Spitzkehren schraubt er sich hinauf zu einem Pass, sodass wir uns schließlich in sehr steilem Winkel über der Stadt befinden. Die Spitzkehren bewältigt der Zug so: Er fährt vorwärts, stoppt und bewegt sich dann schräg versetzt wieder zurück und das Ganze dann in umgekehrter Richtung. – Auch oberhalb von Cuzco sieht man keine Slums, aber doch sehr, sehr armselige Hütten. Dazwischen laufen schwarze Schweine herum und viele Hunde, die verwildert und halb verhungert wirken. Vom 3.500 m hohen Pass geht es ganz allmählich abwärts in Richtung Machu Picchu, das 2.360 m hoch liegt. Insgesamt ca. 112 Bahnkilometer sind es von Cuzco bis dorthin.

Morgens hängt der Dunst unbeweglich zwischen den Bergen. Draußen sind es ca. 3 – 5 °C, und im ungeheizten Zug beschlagen sich durch die vielen Menschen bald die Scheiben. Mehrmals kommt jemand vom Zugpersonal, ein junger Mann oder eine der beiden hübschen jungen Mestizinnen, um die Fenster von innen klar zu wischen. Gegen die Kälte haben wir den bewährten Zwiebellook gewählt, d. h. alles Vorhandene übereinander angezogen, und Heinrich leiht mir zusätzlich noch sein vorsorglich eingepacktes Fleece-Hemd. Bald kann man jedoch die obersten Schichten wieder ausziehen.

Nach einiger Zeit gibt es ein zweites Frühstück. Die beiden jungen Frauen schieben einen Wagen mit den fertig gepackten Frühstückspaketen durch den engen Mittelgang, dazu kann man ein Getränk wählen. Zu unserer Unterhaltung läuft im Monitor, der in einer Ecke an der Decke des Waggons angebracht ist, ein Videofilm mit dem Titel »Inka«. Doch ich finde die Fahrt durch die wilde Natur bedeutend interessanter. Zunächst geht es durch eine Lehmlandschaft, die noch nass ist vom nächtlichen Regen, dann durch die grüne Pampa, an fruchtbaren Feldern vorbei, auf schmalen Brücken über Schluchten und den streckenweise reißenden Fluss Urubamba. Eine Weile folgt unser Zug seinem Lauf. An einer Stelle beobachten wir Goldschürfer, die bis zu den Knien im Fluss stehen. Mit ihren flachen Pfannen sind sie auf der Suche nach Nuggets. Wir sehen Opuntien, Winden mit weißen Blüten, Ginster und Eukalyptusbäume. Zeitweilig fahren wir durch dichten Nebelwald, und an uns bekannten Gewächsen entdecken wir dort Orchideen und hohe Krotonbüsche. Als bemerkenswert während unserer Zugfahrt registriere ich auch mehrere durch die Landschaft *laufende* Menschen. Dies ist kein Jogging, sondern vermutlich die Methode armer Leute, ohne Verkehrsmittel schnell von einem Ort zum anderen zu gelangen.

1968 wurde in Peru eine Landreform durchgeführt. Die damals nur ungefähr dreißig Großgrundbesitzer wurden enteignet, und es entstanden viele kleine Bauernstellen. Zum Teil führte diese Reform zum Erfolg, aber zum Teil scheiterte sie auch an der Mentalität der ehemaligen Landarbeiter, die nicht darin geübt bzw. ausgebildet waren, selbständig zu wirtschaften.

An unserem Zielbahnhof Puenta Ruinas warten kleinere Busse, um uns zu den höher gelegenen Ruinen zu bringen. In atemberaubender Fahrt geht es in Serpentinen bergauf, und nach ungefähr zwanzig Minuten haben wir die Ruinenstadt erreicht. Oben ist es sehr warm, die Sonne sticht mit aller Macht auf den Scheitel. Wir können hier die nicht benötigten Pullover und Regenjacken zur Aufbewahrung geben, sodass sie uns beim Herumklettern nicht belasten.

Diese festungsähnliche, von genialen Baumeistern konzipierte Inka-Stadt wurde nur durch Zufall entdeckt, und zwar durch den Amerikaner Hiram Bingham bzw. ein kleines Indianermädchen, dessen Name nicht überliefert wurde. Bingham kam 1911 in diese Gegend auf der Suche nach dem letzten Zufluchtsort des Inka-Herrschers Manco Cápak II. (16. Jh.). Das Indiomädchen gehörte zu einer Familie, die von einem Großgrundbesitzer für ihn wertloses Land für wenig Geld erworben hatte, um es zu beackern. Dabei stellten die neuen Besitzer bald fest, dass sich unter diesem Land Ruinen befanden. Dorthin führte die kleine Indianerin nun Hiram Bingham.

Machu Picchu ist eine wohl jeden Besucher beeindruckende Anlage, die bereits 1983 zu Recht in die UNESCO-Liste als Weltkulturerbe aufgenommen wurde. Die auf künstlichen Terrassen erbaute Stadt entstand vermutlich im 15. Jahrhundert auf Betreiben des Inka-Herrschers Pachacutec Yupangui. Sie besteht aus abgegrenzten Vierteln für die verschiedenen Handwerker sowie einem Viertel mit Häusern für die Priester. Die Mauern mit den Giebelwänden aus behauenen Steinen stehen noch heute.

Wir klettern viele Steinstufen hinauf und hinab, während Guide Marielle uns unermüdlich mit Informationen versorgt, von denen jedoch nur die Interessantesten in meinem Gedächtnis bleiben. Wie z. B. diese: Wenn das Sonnenlicht durch eine bestimmte Fensteröffnung des Sonnentempels fiel und dabei einen an genau berechneter Stelle aufgestellten Stein traf, war Sonnenwende – ein astronomischer Kalender also. Auf diesen von der Sonne erwärmten Stein legen wir jetzt unsere Hände und lassen seine geheimnisvollen Kräfte auf uns einwirken. Jedenfalls tun wir so, als ob wir an diese Kräfte glaubten – schaden kann es sicher nicht. Etwas tiefer gelegen befand sich der Haupttempel dieser Inka-Stadt mit einem gewaltigen Opferstein samt Blutablaufrinne.

Auf den Terrassen des steil abfallenden Geländes wurde schon vor Hunderten von Jahren Gemüse angebaut und das kostbare Wasser durch ausgeklügelte Kanalsysteme dorthin sowie zu den Häusern geleitet. Man könnte noch viele Stufen hinaufgehen. Auch zu einer Hütte, die so erhalten bzw. restauriert wurde, wie zur Zeit der Entdeckung der Ruinen die hiesigen Bauernhütten aussahen.

Die spanischen Eroberer hatten diese später

vom Urwald überwucherte Stadt nicht gefunden, dennoch sollen die Bewohner sie noch vor ihrer endgültigen Fertigstellung fluchtartig verlassen haben. Warum, weiß man nicht, denn sie hätten sich hier ganz sicher fühlen können: Die Anlage war vom Tal aus nicht zu sehen, auch führte kein Weg hierher. Nur einen Inka-Saumpfad gab es, der noch heute von Indios mit ihren Maultieren begangen wird. Und natürlich von Touristen.

Nachdem wir in der feuchten Hitze ungefähr zwei Stunden in den Ruinen herumgeklettert sind, fühlen wir uns ziemlich erschöpft, und als wir unten am Restaurant ankommen, bin ich froh, mich endlich einmal hinsetzen zu können. Wir stärken uns mit einem Mittagessen, das wir in Selbstbedienung auf einen Gutschein hin abholen und in einer für uns reservierten Zone im Restaurant oder draußen auf der Terrasse verzehren können. Dies mit Blick auf den kegelförmigen, grünbewachsenen Berg Huayna Picchu, auf dem gerade einige besonders sportliche Touristen herumkraxeln. Sehr viele Besucher aus aller Herren Länder kommen hierher, denn diese Ausgrabungen sind wirklich etwas Außergewöhnliches.

Am frühen Nachmittag machen wir uns auf den Rückweg. Mit dem Bus fahren wir hinunter zur Bahnstation. Plötzlich hören wir Kindergeschrei, das wir später als »Good by-ye!« identifizieren. Dies ruft ein etwa zwölfjähriger Indio in einem

Kittel und mit einem Stirnband, das vorn mit einer einzelnen Feder geschmückt ist. Er macht sich den Spaß (?), uns zu überholen. Während der Bus langsam die Serpentinen abwärts rollt, läuft er quasi in Luftlinie barfuß die mit Strauchwerk bewachsenen steilen Felshänge hinunter. Wie der Igel bei der bekannten Geschichte ist er nach jeder Kurve immer schon vor dem Hasen (uns) da, überquert knapp vor dem Bus die Straße und ruft sein »Good by-ye!« Heinrich meint, es sei jeweils ein anderer Junge, während ich dem Anschein glaube. Als wir unten am Bahnhof ankommen, holt er sich als Belohnung natürlich seine Dollars oder Pesos bei uns ab. Und wir finden, dass sie auf jeden Fall verdient worden sind – entweder für die Cleverness oder die sportliche Leistung.

Jetzt geht die Zugfahrt für uns nur bis Ollanta, wo ein Bus auf uns wartet. Vorher gab es noch eine Unterbrechung, denn auf dem einspurigen Gleisabschnitt musste ein Gegenzug abgewartet werden. Heinrich und ich sowie einige andere unserer Gruppe stiegen aus, inzwischen waren auch ein paar neugierige Indios herbeigekommen. Unser japanischer Mitreisender »legte wieder Spuren«, wie ich es nenne, denn wie immer während unserer Landausflüge hatte er einige Kinder um sich versammelt. Diesmal waren es kleine Indianer, die fasziniert beobachteten, wie er bereits passend zurechtgeschnittene Papierblätter aus seiner Jackentasche zog, um daraus Origami-Figuren zu falten: Kranich, Hase, Hund u. Ä. Jedes Kind erhielt ein Papiertier. Nur ein kleines Mädchen ging leer aus, denn inzwischen ertönte das Abfahrtssignal, und in aller Eile mussten wir wieder in den Zug steigen.

Mit dem Bus fahren wir von Ollanta zunächst bis zur Inkafestung Ollantaytambo am Ufer des Urubamba, der hier nur ein Rinnsal ist. In und zwischen den Ruinen aus dem 16. Jahrhundert leben die heutigen Bewohner des gleichnamigen Dorfes. Gegenüber der Anlage sind in einen Berghang gleich große Höhlen geschlagen worden. Welche Bedeutung diese Felskammern einstmals hatten, ist nicht eindeutig geklärt: Wachposten? Gefängnis? An anderer Stelle zieht sich eine Reihe in den Fels gehauener Terrassen den Berg hinauf.

Von hier geht unsere Fahrt wieder aufwärts und dann über eine Hochebene mit rötlich schimmernden Bergen im Hintergrund. In der Ferne sehen wir einen schneebedeckten, sehr hohen Gipfel – ein beeindruckender Anblick! Der 5.893 Meter hohe Berg hat einen komplizierten Quechua-Namen, den Marielle uns nicht zumuten will oder vielleicht auch gerade nicht parat hat. Und so erklärt sie, auf Spanisch heiße er jedenfalls »Veronica«. Wir kommen durch wenige kleinere Ortschaften mit einfachen Hütten. An einigen Berghängen entdecken wir riesige, noch aus großer Distanz zu lesende dreiziffrige Zahlen, z. B. 710 oder 712. Dies sind Kennziffern der durchgehend nummerierten Schulen Perus, deren Schüler an der Herstellung der in den Felsen gescharrten Zahlen während ihrer Schulferien arbeiten.

Allmählich wird es auf der mehrstündigen Fahrt schon dunkel. Hin und wieder tauchen tief unterhalb unserer Straße ein paar Lampen einer Ortschaft auf. Auf dem letzten Teil der Strecke, einer regelrechten Waschbrettpiste, auf der wir uns Cuzco von oben her nähern, sehen wir unter uns die beleuchtete Stadt in ihrer ganzen Größe liegen.

Lima (Peru)

Statt wie vorgesehen um fünf, ist in Cuzco am 05. Dezember »erst« um halb sieben Uhr der Morning Call, eine Stunde später soll es mit dem Bus zum Flughafen gehen. Auf dem Weg dorthin sehen wir um diese Zeit die unterschiedlich uniformierten Kinder zu ihren Schulen streben und auch wieder zahlreiche Händler und viel Polizei. Der Airport wird von Soldaten bewacht, die am Rande des Platzes in Abständen einzeln postiert sind. Arbeiter sind dabei, innerhalb der Umgrenzung einen Graben auszuheben. Als unsere Maschine der Aeroperu pünktlich um 8.45 Uhr die Triebwerke einschaltet, halten sie sich die Ohren zu, Gehörschutz besitzen sie nicht.

Nach ungefähr einer Stunde Flugzeit erreichen wir Lima, wo wir – wie hier offenbar üblich bei Regionalflügen – zu Fuß über das Rollfeld zum Abfertigungsgebäude gehen. Ab zehn Uhr beginnt unsere Stadtrundfahrt. Vor dem Bus erwarten uns schon eifrige Vertreter der Edelstein-Firma Stern. Mit je einem Gutschein für eine kostenlose Taxifahrt zu ihrer hiesigen Schmuck-Vertretung und für ein kleines Präsent versuchen sie, uns zu späteren Schmuckkäufen zu ermuntern.

Unsere resolute örtliche Reiseleiterin Gerda L. wirkt nach meinem ersten Eindruck nicht nur sehr kompetent, sondern auch, als gehöre sie zu Limas »besseren Kreisen«. Letzteres soll sich nachher sogar bestätigen. Obwohl sie vermutlich die Sechzig überschritten hat, marschiert sie uns in erstaunlich forschem Tempo schon beim ersten Stopp des Busses wacker voran. Gerda erweist sich als sehr beschlagen und rundum gebildet. Die Deutsche lebt sie seit über dreißig Jahren in Peru, erzählt sie mir später. Nach Lima gekommen war sie mit ihrem Mann, einem Beauftragten der UN. Inzwischen ist sie verwitwet, blieb jedoch in dem ihr lieb gewordenen Land und bei ihren hier gewonnenen Freunden.

Sehr viel scheint sie von Staatspräsident Alberto Fujimori zu halten – vielleicht gehört diese Einstellung aber auch nur zu ihrem Job als Touristen-Guide. Der Sohn japanischer Einwanderer ist seit 1990 im Amt. Er übe einen positiven Einfluss aus auf Peru, erklärt sie, und bringe sehr viel in Gang. So habe er einen großen Teil der Arbeitslosigkeit beseitigt, und zwar überwiegend durch Baumaßnahmen. Allenthalben sieht man in Lima und später auch anderswo in Peru große Schilder, auf denen neben dem Porträt Fujimoris zu lesen ist, der Präsident fördere oder veranlasse diese und jene Bauten. Diese PR-Maßnahme scheint wiederum Bürgermeister und andere Amtsinhaber dazu zu bewegen, nun ebenfalls Bauten voranzutreiben und Schilder mit ihrem Abbild »Bürgermeister X baut hier ...« aufzustellen.

Der Rio Rimac, den wir mit dem Bus auf einer Brücke überqueren, hat ein breites Bett, das aber so gut wie trocken ist, denn seit einem Jahr hat es überhaupt keinen Regen mehr gegeben. Stolz erwähnt Gerda, Wissenschaftler hätten kürzlich den in Peru als Rio Negro entspringenden Amazonas neu vermessen, und mit den dabei festgestellten 6.580 km sei er nun tatsächlich der längste Fluss der Erde! Mit dem gleichen Stolz berichtet sie, seit vierzehn Tagen existiere in Lima sogar ein McDonald's Restaurant! Das sei ein Beweis für den überall zu spürenden Aufschwung des Landes, da McDonald stets nur in Länder gehe, die Prosperität und Sicherheit versprechen.

Die Stadt Lima zählt heute ungefähr sieben Millionen Einwohner und platzt geradezu aus den Nähten. Doch es scheint tatsächlich etwas dran zu sein am »Aufschwung« des Landes. denn beim Gang oder bei der Fahrt durch die Stadt und auch später während der übrigen Stationen in Peru fallen mir überall die unglaublich fleißigen Menschen auf, die allerdings sehr ernst wirken. Der große Platz (Plaza de Armas) vor dem Regierungspalais wird gerade umgestaltet. Es ist eine riesige Baustelle – wie überhaupt ein großer Teil der Innenstadt –, und die Männer dort arbeiten so unentwegt, wie man es sonst selten beobachtet. Sogar in der sengenden Mittagssonne sieht man nicht, dass irgendjemand irgendwann eine kleine Pause macht! Später kommt mir der Gedanke, in der »besonderen Form von Demokratie« Fujimoris[1] könnten Menschen womöglich auch zwangsweise zur Arbeit verpflichtet werden.

Außer der prächtigen Kathedrale (erbaut 1674) mit einem kunstvoll geschnitzten Chorgestühl aus Zedernholz besichtigen wir den sehr schönen Kreuzgang des Franziskaner-Klosters mit Kirche. Durch Zufall wurden hier kürzlich Fresken aus dem siebzehnten Jahrhundert freigelegt, die hinter riesigen gerahmten Bildern verborgen gewesen waren. Schön empfinden wir auch den stillen Klostergarten mit bunten Blumenbeeten – vor allem nach unserem langen Gang durch die laute Stadt.

Während der Weiterfahrt kommen wir am Bahnhof vorbei, der gerade durch eine »Police-Line« abgesperrt und von Militär oder Polizei gesichert wird, und werfen einen Blick in eine mit gewölbtem Glasdach versehene elegante Einkaufspassage. Unser nächstes Ziel ist die Casa Aliaga, ein prächtiges Herrenhaus aus dem 16. Jahrhundert. Auch heute noch wird es von der Familie Aliaga bewohnt, die einige Räume zur Besichti-

---

[1] Im Jahr 2000 wird Fujimori wegen Korruption und Verstoßes gegen die Menschenrechte seines Amtes enthoben; später wird er in einem Mordprozess für Verbrechen einer Todesschwadron verantwortlich gemacht und zu 25 Jahren Haft verurteilt.

gung freigegeben hat. Dies aber nur ausnahmsweise, verrät Gerda, und zwar, weil sie mit den Aliagas befreundet sei (womit sich mein erster Eindruck von Gerda bestätigt). Das Haus mit Innenhof, in dem ein riesiger Baum steht, dessen Stamm das Glasdach durchstößt, und in dem sich als Mittelpunkt ein eigener Brunnen befindet, besitzt mit seinen schönen Steinfußböden, Teppichen, Gobelins, Bildern und geschnitzten Möbeln das Flair eines seit Jahrhunderten bestehenden Wohlstands.

Gerda will uns unbedingt die Wachablösung vor dem Regierungspalais von Nahem zeigen. Doch die Polizei und das Militär, die hier hinter einer weiträumigen Absperrung stehen, lassen sie und unsere Gruppe trotz ihrer inständigen Bitten nicht durch. Auch nicht, als sie mit dem ranghöheren und danach mit dem noch ranghöheren Offizier spricht. Energisches Kopfschütteln: »No!« Die in der Mittagshitze zu den Klängen von Militärmusik paradierenden rot uniformierten Wachsoldaten sehen wir dann nur aus ziemlicher Entfernung, was uns aber durchaus genügt. Auch hier wirken die Soldaten und Polizisten trotz ihrer Bewaffnung auf mich irgendwie rührend oder gar harmlos. Das mag daran liegen, dass die blutjungen, zierlichen Männer viel kleiner sind als gleichaltrige Europäer.

Im noblen Hotel-Restaurant »Las Brujas de Cachiche« im gepflegten Vorort Miraflores nehmen wir unseren Lunch ein in Form eines Büfetts mit landestypischen kalten und warmen Speisen. Die im Land als Delikatesse geltenden Meerschweinchen gehören allerdings nicht dazu. Ein Pianist spielt auf einem uralten, doch immer noch schön klingenden Blüthner-Flügel Tafelmusik, darunter bekannte Operetten-Melodien.

Später fahren wir mit dem Bus zum berühmten Goldmuseum, in dem Sammlungen – auch aus ehemals privaten Beständen – etwas willkürlich zusammengestellt erscheinen. Es sind unvorstellbare Schätze der Inka- und Vor-Inka-Kulturen zu sehen, und zwar nicht nur aus Gold oder Silber, sondern auch Keramiken sowie Textilien, darunter aus bunten Vogelfedern gewebte Teile. Unauffällige, schmale Vitrinen zeigen außerdem alte Keramiken mit recht ausgefallenen erotischen Darstellungen.

Neben dem Museum befindet sich ein Stern-Geschäft, in dem wir unsere Schmuckgutscheine einlösen. Es gibt einen winzigen silbernen Anhänger in Form eines Alpaka-Schafs. Kaufen wollen Heinrich und ich jedoch trotzdem nichts.

Auf der Fahrt zurück zum Hafen benutzt unser Bus eine Stadtautobahn, an deren begrünten Böschungen Blumenrabatten in den Schriftzügen von Kodak, Maggi und anderen großen internationalen Marken zu sehen sind. Als eine Gegenleistung für diese Werbeflächen halten die Firmen ihren Bereich der Böschung in Ordnung. Zwischen den vier Spuren der Schnellstraße bewegen sich fliegende Händler, und man muss fast um ihr Leben bangen, zumindest aber ihren Mut bewundern! Während die Fahrzeuge ampel- oder verkehrsbedingt halten, bieten sie ihre Waren an: Zeitungen, Zigaretten, Wasser, Bücher, Spielzeug, Erste-Hilfe-Kästen, Blumen und sogar Satellitenschüsseln. – Als Taxis fahren hier zum großen Teil VW-Käfer, bei denen der rechte vordere Sitz herausgenommen wurde, damit die Passagiere besser ein- und aussteigen können. VW unterhielt in Peru während einiger Jahre ein Montage-Werk.

Nach den interessanten, sehr warmen und staubigen Stunden im betriebsamen Lima sind wir dann froh, in Callao wieder zurück auf die HANSEATIC zu kommen und uns – auch nach dem etwas strapaziösen Aufenthalt in der Höhe von Cuzco und Machu Picchu – zu erholen.

Bei unserer Ankunft in Callao (Limas Hafen) marschieren gerade unter Anführung des »Nikolaus« unsere Besatzungsmitglieder von der Gangway herunter und durch eine Ladeluke wieder ins Schiff. Alle haben ein kleines Päckchen zum morgigen Nikolaustag erhalten.

Paracas – Linien von Nazca (Peru)

Am nächsten Morgen (06. Dezember) wirft unser Schiff Anker in der Pisco-Bucht vor Paracas. Wir sind immer noch in Peru. Das Ufer mit einer kleinen Promenade und einem Hotel liegt ziemlich weit vom Schiff entfernt. Bereits kurz vor acht Uhr fahren wir mit dem Zodiac hinüber; die Sonne sticht, es ist sehr warm. Unser Bus lässt auf sich warten und kommt dann schließlich mit halbstündiger Verspätung. Der Fahrer erklärt oder entschuldigt sich dafür nicht. Pünktlichkeit spielt in Südamerika keine Rolle, um diese Erkenntnis sind wir inzwischen reicher geworden.

Wir sind auf dem Weg zu den rätselhaften »Linien von Nazca«, die wir vom Flugzeug aus erkunden wollen. Die Busfahrt geht zunächst durch eine flache Wüstenlandschaft, aus der sich hin und wieder riesige, bräunliche Sanddünen erheben. Den Horizont begrenzt ein hoher Gebirgszug: die Anden. Hier herrscht ein sehr trockenes Klima, Regen gibt es so gut wie nie. Nur mit künstlicher Bewässerung, wozu das Wasser aus großer Tiefe geholt wird, kann überhaupt etwas gedeihen. Hin und wieder sind Dattelpalmen zu sehen und uns unbekannte grüne Pflanzen. Die Straße oder vielmehr Piste ist ungeheuer holperig. Bald erreichen wir jedoch die Pan-Americana und das Fahren wird spürbar angenehmer. Hier kommen wir an Obstplantagen und mehreren Hühnerfarmen (Legebatterien) vorbei, die etwas verloren mitten in der Wüste stehen. In primitiven Holz- oder Wellblechhütten hausen die zuständigen Arbeiter. Ebenfalls mitten in der Wüste passieren wir eine »Fabrik« – so nennt unsere peruanische Reiseleiterin die Anlage. Es könnte aber auch eines der berüchtigten Straflager für Regimegegner sein. Denn das »Fabrikgelände« umgibt eine sogar vom erhöhten Bussitz aus nicht zu überblickende Steinmauer, und in einem nach allen Seiten offenen Wachtturm steht ein Soldat mit umgehängtem Gewehr.

Die allgemeine Wachsamkeit in Peru und die hohe Militär- und Polizeipräsenz ergeben sich aus der Angst vor Terroristen. Der Führer der links gerichteten Partei »Der leuchtende Pfad« wurde allerdings vor einigen Jahren gefasst. Und zwar durch Hinweise aus der Bevölkerung, nachdem der damals gerade neu gewählte Präsident Fujimori ein hohes Kopfgeld ausgesetzt hatte. Auch die führenden Mitglieder der anderen revolutionären Gruppe »Tupac Amaru« sollen in Haft sein.

Nach ungefähr zwei Stunden Fahrt erreichen wir den kleinen Flugplatz von Ica. Hier halten sich zwei Propellermaschinen bereit, uns über die Linien zu fliegen. Zunächst fahren wir allerdings weiter zum Hotel »Las Dunas«, das wie ein

Fremdkörper innerhalb der kleinen Ortschaft liegt. Wenn man die Umgebung mit den armseligen Hütten und Häuschen sieht, erscheint diese Luxusanlage tatsächlich deplatziert und provozierend. Doch einige wohlhabende Leute verbringen offensichtlich gern ihren Urlaub hier; wir sehen sie später entspannt am Pool liegen. Erstaunlicherweise bemerken wir keine Sicherheitskräfte. Vielleicht sind sie aber auch für uns nur nicht sichtbar.

Vorerst bleiben Heinrich und ich im Bus, da jetzt unsere heute aus nur fünfzehn Personen bestehende Gruppe für die beiden Flugzeuge mit vier bzw. sechs Sitzen eingeteilt wird. Wir haben uns für den ersten Flug in der kleineren Cessna entschieden und fahren deshalb gleich wieder zurück zum Flugplatz. Dort ist das Erklimmen der hochbeinigen Maschine für mich eher kleine Person gar nicht so einfach, denn einen Tritt oder eine sonstige Einstiegshilfe gibt es nicht. Heinrich sitzt hinten rechts, ich hinten links und vorne rechts neben dem Piloten eine unserer Mitreisenden auf der HANSEATIC.

Wir schnallen uns an, und der Flugzeugführer, der für diese Rundflüge extra aus Lima hierher geflogen ist, erklärt uns, in den Rücklehnentaschen der Vordersitze könnten wir den Plan der Linien finden.

Ein paar Mal waren wir schon Passagiere in einer Piper oder Cessna. Doch immer wieder aufs

Neue finde ich es atemberaubend, mit einem so kleinen Flugzeug zu fliegen: Zuerst der »Anlauf« – so nenne ich das Anrollen und Beschleunigen auf der Piste – und dann schließlich das Abheben und das relativ langsame Aufsteigen. Von unserem Platz aus beobachten wir, wie der Pilot die verschiedenen Hebel bedient, wie er den künstlichen Horizont gerade hält und andere Routinetätigkeiten ausführt.

Im Verlauf des fünfundsiebzig Minuten dauernden Flugs sehen wir unter uns sehr unterschiedliche Landschaftsformen: Zunächst die kleine Stadt mit ihren überraschend vielen grünen Inseln, denn wo ausreichend bewässert wird, gibt es selbst in der Wüste Vegetation. Dann überfliegen wir eine riesige Sanddüne, danach braunes Faltengebirge, und als wir auf ca. 2.400 Fuß steigen, erkennen wir die Pan-Americana: eine schnurgerade Linie, die nur im Süden einen scharfen Knick macht.

In einer knappen halben Stunde sind wir über dem Zielgebiet. Jetzt geht der Pilot mit der Cessna ziemlich tief hinunter, was er zum Glück vorher angekündigt hat. Während wir die verschiedenen Figuren überfliegen, nennt er uns deren Bezeichnungen: Spinne, Kolibri, Affe, Hund, Astronaut und andere. Die Figuren fliegt er einmal von der linken und einmal von der rechten Seite an, sodass jeder von uns Gelegenheit hat, sie genau zu identifizieren. Mit dem Filmen oder Fotografieren ist es allerdings schwierig, denn natürlich kann das Flugzeug nicht in der Luft stehenbleiben, bis der Film- oder Fotoapparat das Bild fokussiert haben. Daher sind unsere Film- und Fotoaufnahmen nichts Rechtes geworden.

Die Hypothese, diese Linien müssten irgendeine Bedeutung besitzen, wurde erst 1939 vom amerikanischen Wissenschaftler Dr. Paul Kosok aufgestellt, er selbst beschäftigte sich jedoch nicht weiter mit dem Thema. Als er dann 1946 zufällig die Mathematikerin Maria Reiche kennenlernte, berichtete er ihr von diesen rätselhaften Linien. Seither forscht Frau Reiche darüber; im Laufe der Zeit entdeckte sie auch noch weitere Figuren. Sie machte diese Arbeit zu ihrem Lebenswerk. Hier an Ort und Stelle lebt und forscht auch heute noch die inzwischen 95-jährige Frau. [Sie stirbt 1998].

Die Linien sollen vor über zweitausend Jahren in die Gesteinsdecke gekratzt oder geschart worden sein. Sie blieben erhalten, da dieses Gebiet nahezu niederschlagsfrei ist, und der Wind den Wüstensand über die Einkerbungen hinwegweht. Die Zeichnungen erstrecken sich über mehr als fünfzig Kilometer, die einzelnen Scharrzeichen messen 4 – 300 Meter, einzelne schnurgerade Linien auch bis zu 9 Kilometer! Ihre Bedeutung ist immer noch nicht ganz geklärt und es gibt die abenteuerlichsten Vermutungen. So behauptet z. B. Erich von Däniken, es wären Landeplätze für außerirdische Flugobjekte. Andere Theorien besagen, sie könnten »zur Zwiesprache mit einer Gottheit« angelegt worden sein oder es handele sich um einen astronomischen Kalender.[2] Eines steht jedenfalls fest: Es müssen unglaublich fähige Menschen gewesen sein, die die Figuren ersannen, berechneten und exakt hatten ausführen lassen. Und zwar ohne jede Möglichkeit, sie jemals als Ganzes, nämlich von oben zu sehen!

Während unseres Rundflugs befinden wir uns in einer geradezu euphorischen Stimmung. Wir können gar nicht fassen, so etwas Aufregendes und Schönes zu erleben! Nach sanfter Landung und langer Rollphase über die holperige Piste klettern wir rundum begeistert aus der kleinen Maschine. Bis unser Bus kommt, schlendern wir einen überdachten Gang entlang, der uns vor der prallen Sonne schützt. Dort ist auch ein Sandkasten aufgestellt mit dem Modell der Linien von Nazca, ein dunkelhäutiger Peruaner arbeitet gerade daran. Als ich meinen Camcorder zücke, um die eben überflogenen Figuren anhand dieses Modells noch einmal in voller Deutlichkeit zu filmen, unterbricht er seine Arbeit und tritt sichtlich stolz auf sein Werk beiseite.

Nachdem auch die größere Maschine gelandet ist, fahren wir mit dem Bus zurück zum Hotel »Las

---

[2] Inzwischen gibt es neuere Erkenntnisse

Dunas«. Dort bedienen wir uns in der Parkanlage aus einem Kaffeebereiter mit Kaffee und setzen uns in den Halbschatten. Es sind sehr ruhige, kontemplative eineinhalb Stunden, die wir hier verbringen. Ein Angestellter ist währenddessen damit beschäftigt, am Eingang zum Hotelgelände einen akazienähnlichen Baum mit bunten Glühlampen und weihnachtlichen Symbolen zu schmücken. Bald sind auch die letzten unserer Gruppe nach ihrem Flug zum Hotel zurückgekehrt. Das ausgezeichnete Mittagessen nehmen wir im Freien ein. Allerdings unter einem Dach, das wohltuend für Schatten sorgt.

Gegen halb drei Uhr fahren wir zum Museo Regional in Ica, das in einem großen Flachdach-Betonbau untergebracht ist. Dort müssen wir eine Foto- bzw. Filmlizenz kaufen, und ein Junge achtet wie ein Luchs darauf, dass niemand unerlaubt Aufnahmen macht. Ich befestige meine Lizenz gut sichtbar an meiner Umhängetasche, sodass er mich – im Gegensatz zu anderen Gästen – nicht dauernd belästigt. Gezeigt werden neben späteren Kulturen hauptsächlich Funde aus der Paracas-Zeit (700 v. Chr. bis 300 n. Chr.): Ton- und bunt bemalte Keramikgefäße, kunstvoll gewebte Stoffe und vor allem hervorragend konservierte, bekleidete Mumien. Diese in Hockhaltung bestatteten und durch den trockenen Sandboden mumifizierten Toten wurden erst vor einigen Jahrzehnten gefunden.

Ihnen waren Gefäße für Nahrungsmittel und Dinge des täglichen Bedarfs beigegeben worden, die sie in ihrem zweiten oder noch späteren Leben benötigen würden. Für diese frühen Kulturen war der Tod ein Übergang in ein anderes reales Leben, und dies möglicherweise sogar im Körper eines Enkels.

Für den Rückweg nehmen wir die gleiche Strecke wie auf der Hinfahrt. Zunächst befahren wir wieder die Pan-Americana, dann die uns unendlich lang erscheinende Holperpiste. Gegen fünf Uhr erreichen wir das Hotel in Paracas, hinter dem der Landesteg liegt und ein Zodiac bereits auf uns wartet. Inzwischen ist sehr starker Seegang mit hoher Dünung aufgekommen, und die Fahrt zum Schiff nimmt viel Zeit in Anspruch. Diesmal steuert unseren Zodiac sehr umsichtig ein philippinischer Seemann der HANSEATIC-Crew. Er kreuzt mehrfach, damit wir nicht allzu sehr durchnässt werden. Dennoch kriegen Heinrich und auch die anderen mir gegenüber sitzenden Passagiere allerhand ab durch überschlagende Spritzer und Brecher. Wegen der ungünstigen Wind- und Wellenverhältnisse misslingt zunächst auch das Anlegemanöver an unser Schiff. Einige Male treiben der Wind und die Strömung uns von der Anlegeplattform wieder weg. Schließlich gelingt es von dort aus zwei Seeleuten, das hinübergeworfene Tau zu ergreifen und festzumachen. Auf halsbrecherische Weise steigen wir dann nacheinander alle beherzt auf die in der Dünung stark schaukelnde Plattform und danach die wackelige Gangway hinauf.

Als unser Schiff später aus der Bucht herausfährt, erkennen wir an einem Berghang deutlich das zweihundertfünfzig Meter hohe Scharrbild eines Kandelabers. Seit alters her dient dieses Zeichen Seefahrern als Orientierungshilfe.

Heute finden wir als Betthupferl nicht das übliche Schokoladentäfelchen auf unserem Kopfkissen, sondern einen in Zellophan verpackten niedlichen Schokoladen-Nikolaus. Dass Nikolaustag ist ..., daran haben wir nun wirklich nicht gedacht!

Arica – Chungará-See (Chile)

Heute wollen wir hoch hinaus, und zwar über viereinhalbtausend Meter! Inzwischen sind wir schon in Chile. Frühmorgens hat unser Schiff im Hafen von Arica festgemacht, bald darauf startet auch schon unser Bus. Wir fahren zunächst ein Stück auf der Pan-Americana, bevor es auf die Straße geht, die in ihrem weiteren Verlauf zur Grenze nach Bolivien führt. Unterwegs sehen wir Plakate mit der spanischen Aufschrift (übersetzt) »Arica frei von Cholera!«, und ich überlege, ob dieser Satz als Forderung oder Feststellung gemeint ist.

Die Stadt zählt rd. 180.000 Einwohner. Die Temperaturen betragen hier durchschnittlich 21 °C, und zwar das ganze Jahr über. Regen gibt es so gut wie überhaupt nicht, höchstens im Winter ein wenig. Allerdings sehen wir von Arica selbst kaum etwas, denn das Ziel unserer Ganztagestour ist der »höchst gelegene Nationalpark der Welt« und der ebenfalls »höchst gelegene See der Welt«, der Chungará-See.

Im Bus gibt es Probleme mit dem Mikrofon, und eine halbe Stunde vergeht damit, dass die chilenische Reisebegleiterin ohne Erfolg »Hallo! Hallo!« ins Mikrofon ruft. Aber es funktioniert absolut nicht! Das spielt auch keine große Rolle, denn die junge Frau, von Beruf angeblich Deutschlehrerin, kann so wenig Deutsch, dass man sie kaum versteht. Mit sehr spärlichem Vokabular versucht sie, komplizierte Sachverhalte zu erklären, was natürlich unmöglich ist. Aber das tut der Tour an sich keinen Abbruch, denn wir haben Augen zu sehen, außerdem ist alles nachzulesen. Die junge Frau wird begleitet von einem Verantwortlichen der Busgesellschaft. Er habe diesen Ausflug schon sechsundsiebzig Mal gemacht, behauptet er, und so erklärt er seiner Kollegin auf Spanisch, was es gerade zu sehen gibt. Aber selbst beide zusammen ergeben ein ziemlich unfähiges Team, obwohl sie sich gut verstehen, Händchen halten und verstohlene Küsschen austauschen.

Nachdem wir Arica verlassen haben, fahren wir durch eine bergige Wüste aus dem uns schon von Peru her bekannten hellbraunen Sand. An einer Bergwand sind wieder Scharrzeichen – diesmal recht verwitterte – zu erkennen. Wir passieren ein Flusstal, das so gut wie ausgetrocknet ist. Trotzdem gedeihen hier mit künstlicher Bewässerung Mais, Spargel und Kartoffeln. Den ersten Halt machen wir vor einer Dorfkirche mit den üblichen beiden seitlichen Türmen. Dahinter liegt ein kleiner Friedhof, der fast vollkommen vom Sand der Anden zugedeckt ist. Wir wandern etwas herum, um uns allmählich an die Höhe zu gewöhnen. Hier ist sie allerdings noch kaum zu spüren. Nach einer

Stunde Fahrt mit ständiger Steigung arbeitet sich unser Bus auf Serpentinen mit engen Kehren immer höher. Unterwegs passieren wir einen Schlagbaum: eine Kontrolle für Fahrzeuge nach Bolivien.

»Grandios!« habe ich mir notiert, und es ist wahrhaftig eine großartige Landschaft, durch die wir fahren! Die Sanddünen gehen bald über in Geröllberge und diese schließlich in felsiges Gebirge mit tiefen Schluchten und steilen Gipfeln. Von den Kehren aus bieten sich uns schwindelerregende Hinab- und Hinaufblicke. Die Felsen sind von rötlicher Farbe, in der Ferne schimmern sie sogar gelb, blau und grün.

Der Busfahrer fährt zwar schnell, doch wir haben ein absolut sicheres Gefühl. Er sitzt in einer vom Fahrgastraum abgetrennten Kabine mit einem Assistenten neben sich. Es herrscht kaum Gegenverkehr. Im nur mit zwanzig Personen besetzten Bus haben wir heute Plätze in der ersten Reihe. An der Rückseite der Fahrerkabine sind verschiedene Hinweisschilder angebracht, die sich bezeichnenderweise nur an den Señor Pasajero, den *Herrn* Passagier wenden.

Es ist ein warmer Tag. Bei unserem zweiten Stopp vor einer Hütte zeigt der Höhenmesser unseres Mitreisenden Herrn T. exakt 2.200 m an. In dieser Hütte mit gestampftem Lehmboden wuselt die ganze Indio-Familie einschließlich Oma und Opa und schreienden und quäkenden Kindern herum. Ein kleines Mädchen malträtiert eine Katze, indem es das Tier an den Vorderpfoten packt und im Kreis um sich herumschleudert. In handgemachten, klobigen Tonbechern wird uns Koka-Mate-Tee gereicht. Wir trinken ihn und kauen die Blätter, um den Kreislauf anzuregen, denn wir wollen ja hinauf bis auf 4.500 Meter. Und dies ist für niemanden einfach. Geschweige denn für Heinrich und mich, die wir im nördlichsten Bundesland leben, dessen höchster »Berg« 167,4 m misst!

Mit den Bechern in der Hand setzen wir uns in einen ausrangierten Eisenbahnwagen, der einen Teil der Hütte bildet. Hier schlürfen wir den heißen Tee, während der Blick unwillkürlich über die Wände mit vergilbten Familienfotos, Gebirgslandschaften und Bildern von Kühen auf saftiger Weide wandert. Irgendwo in der Nähe gackern Hühner. Wer will, kann hier auch Andenken kaufen.

Nach ungefähr einer halben Stunde steigen wir wieder in den Bus. »Langsam! Langsam!« lautet die Parole. Man soll sich nur sehr gemächlich bewegen, sich nicht bücken und falls doch, nur aufrecht in die Hocke gehen und auf keinen Fall den Kopf nach unten beugen, damit einem nicht übel wird. Eine unserer Mitreisenden muss tatsächlich aufgeben, ihr Kreislauf macht schlapp. Erschöpft sitzt sie auf der Bank vor der Hütte, während eine Indianerin ihren Puls misst. Ein Taxi aus Arica muss gerufen werden, das sie wieder nach unten bringt.

Während der weiteren Fahrt kommen wir an einer Fabrik vorbei, die den in diesem Gebiet abgebauten Borax verarbeitet. Hier ist die Gebirgslandschaft vollkommen kahl bis auf einen Abschnitt, der ganz unvermittelt vom Tal bis zum Gipfel mit unzähligen niedrigen Baumkakteen bewachsen ist. Deren kurze Stämme verzweigen sich wie mehrarmige Leuchter: Kandelaber-Kakteen. Wir passieren eine Festung aus vorspanischer Zeit, d. h. davon sind nur noch einige niedrige, terrassenförmig angelegte Wehrmauern zu erkennen. Unterhalb unserer Straße sehen wir den Ort Putre in 3.300 m Höhe liegen; dort werden wir später zu Mittag essen.

Nach einiger Zeit kommt die schneebedeckte Kuppe eines Bergs in unser Blickfeld und unmittelbar darauf ein weiterer Gipfel: Parinacota (6.342 m) und Pomerape (6.232 m). Es handelt sich bei ihnen um Gipfel *eines* Vulkans. Deshalb werden sie auch »die Zwillinge« genannt. Sie liegen im Grenzgebiet von Bolivien und Chile.

Nochmals machen wir Rast, um uns an die dünne Höhenluft zu gewöhnen. Herrn T.s Höhenmesser hat inzwischen kapituliert, denn für mehr als dreitausend Meter wurde er nicht ausgelegt. Wieder spazieren wir langsam etwas herum und atmen bewusst. Nach kurzer Weiterfahrt breitet sich neben der Straße eine Sumpf- und Seenlandschaft aus, und wir meinen schon, am höchsten See der Welt angelangt zu sein. Nein, nicht ganz: Es sind die Cotacotani-Lagunen. Noch weiter geht es bergauf.

Irgendwann kommt unserem Bus in rasender Talfahrt ein Radfahrer entgegen, was mir ganz unglaublich erscheint! Einmal halten wir mitten auf der Straße an, um die nur hier vorkommenden »Mäuse«, wie die Reiseleiterin sie nennt, zu betrachten. Diese Mäuse sehen allerdings eher aus wie kleine Kaninchen. Die beiden hocken ganz friedlich am Straßenrand in einer Felsnische. Das eine sehen wir von vorn, das andere von der Seite. Sie haben einen wie zu einer flachen »Schnecke« geringelten Schwanz. Da sie sich vollkommen unbeweglich verhalten, könnte man denken, sie seien ein Gag des Tourismus-ministeriums. Doch sie sind tatsächlich lebendig, denn nach einer kurzen Weile hoppeln sie gemächlich davon.

Bald sehen wir auch zahlreiche Lamas mit ihren langen Hälsen und dem schönen hellbraunen Fell sowie ihre nahen Verwandten, die Vicuñas, Guanakos und Alpakas. Obwohl das gesamte Gebiet zum Nationalpark erklärt wurde, dürfen die indianischen Hirten weiterhin ihre zur Familie der Kamele gehörenden Tiere hier weiden lassen. Laut unserer chilenischen Reiseleiterin existieren diese Tiere in der Wildnis immer nur in Herden zu acht, wovon sieben weiblich und eins männlich ist. Uns scheint dies ein wenig nach Jägerlatein zu klingen. Müssten in diesem Fall die Tiere nicht zählen können? Falls ein weiteres männliches Tier hinzukommt, gibt es einen Kampf, nach dem der Unterlegene die Herde verlassen muss.

Schließlich sind wir an unserem Ziel in 4.500 m Höhe (genau: 4570 m) angelangt. Auf einem Parkplatz steigen wir sehr langsam aus. Die Höhe nimmt einem fast den Atem, jetzt bewegen wir uns auch ohne Ermahnung sehr bedächtig. Es ist frisch, aber nicht kalt. Der glatt und ruhig daliegende Chungará-See erstreckt sich über eine riesige Fläche. Am Ufer stehen rosafarbene Flamingos und zwischen ihnen tummeln sich kleinere Wasservögel. Der eine Gipfel der beiden schneebedeckten Vulkan-Zwillinge spiegelt sich im See und sieht jetzt verblüffend nah aus.

Eine Weile spazieren wir herum, gehen auf markierten Pfaden durch das streckenweise sumpfige Gelände nah oder weniger nah ans Seeufer heran. Dabei treffen wir auf eine Gruppe sehr junger Leute, die ebenfalls mit einem Bus heraufgekommen sind. Für uns ist es tröstlich, dass sie offenbar genauso wie wir Älteren von der Höhe etwas mitgenommen wirken.

Natürlich gibt es auch hier indianische Händlerinnen in der typischen bunten Kleidung und mit hohen Strohhüten. Ihre kleinen Kinder hocken oder laufen in der Nähe herum. Einige von uns haben in weiser Voraussicht Täfelchen der Gute-Nacht-Schokolade mitgenommen und beglücken nun die Kinder damit. Jemand aus unserer Gruppe holt sogar einen Kuschelpinguin aus seiner Tasche, den er einem kleinen Mädchen schenkt. Das Kind strahlt übers ganze braune Gesichtchen und drückt das Stofftier fest an sich. Auch die Mutter ist über das Geschenk erfreut, sodass wir jetzt alle nach Belieben fotografieren und filmen dürfen.

Nach ungefähr vierzig Minuten Aufenthalt steigen wir langsam, langsam wieder in den Bus. Heinrich guckt mich an und stellt besorgt fest: »Du hast ganz blaue Lippen!« Ich selbst merke außer Mattigkeit allerdings nichts vom Sauerstoffmangel.

Wir fahren jetzt nach Parinacota, einem kleinen Dorf in 4.200 m Höhe. Der Bus hält vor der Ortschaft, denn die Straßen sind für eine Durchfahrt zu eng. Das Dorf mit den niedrigen weiß gekalkten Lehmhäusern mit Maisstrohdächern liegt völlig verlassen da, denn die Bewohner sind mit ihren Lama-Herden unterwegs. Nur in der kleinen, armseligen Kirche hockt in einer dunklen Nische neben dem Altar – und daher erst auf den zweiten Blick zu sehen – ein alter braunhäutiger Mann. Aufmerksam registriert er, dass ich eine Münze in den Opferstock stecke.

Weiter abwärts bis auf 3.300 m fahren wir dann nach Putre, wo wir in der Gastwirtschaft mit dem schönen Namen »La Paloma« nachmittags zwischen drei und vier Uhr einen späten Lunch einnehmen. Das Häuschen mit blau gestrichener Tür besteht nur aus einem Raum und einer Küche. Im kleinen Vorgarten, den wir durch die niedrige Pforte betreten, blühen Rosen, Löwenmaul und Margeriten. Auch verschiedene Küchenkräuter gedeihen hier.

Im Gastraum sitzen wir an mit Wachstuch bedeckten Tischen und essen von zusammengesuchtem und teilweise angestoßenem Geschirr. Mais, Hähnchen und eine gebackene Kartoffel mit der hier üblichen roten Schale werden gereicht und vorher eine Suppe. Wer mag, kann dazu von dem von der Reiseleitung mitgebrachten Pisco-Likör oder vom chilenischen Rotwein trinken. Nach dem Essen gibt es Tee oder Kaffee. Ich wähle Tee und habe gut daran getan, denn für den Kaffee erhält man nur eine Tasse mit heißem Wasser und eine Portionstüte Nescafé. Wie uns eine Mitreisende – gebürtige Chilenin und im Lande aufgewachsen – erklärt, sei dies sogar in den besten Hotels üblich, da in Chile selbst kein Kaffee produziert wird. Meine Tasse hat zwar nur noch einen halben Henkel, aber alles sieht ordentlich und sauber aus. Man kann hier auch die Toiletten benutzen, die wie üblich keine Wasserspülung besitzen; das gebrauchte Papier wirft man in einen bereitstehenden offenen Eimer.

Nach der Mahlzeit gehen wir über den Hof und

danach durch eine Art Scheune zu unserem dahinter wartenden Bus. Dabei werfen wir einen Blick in abgetrennte Verschläge mit jeweils einem oder mehreren ungemachten Betten: Übernachtungsmöglichkeiten für Fernfahrer auf dem Weg nach oder von Bolivien.

Auf einer Schotterpiste fahren wir zurück zur asphaltierten Straße und dann zügig bergab. Jetzt herrscht ziemlich viel Gegenverkehr in Richtung der Grenze zu Bolivien. Die beiden Reisebegleiter machen es sich zu einem Nickerchen bequem. Die junge Frau ist seit unserem Aufenthalt in Putre käsebleich und klagt über Kopfschmerzen und Übelkeit. Für den übrigen Teil der Tour fällt sie also aus, was wir aber nicht als großen Verlust betrachten. Als es ihr noch gut ging, hatte sie sich hin und wieder sogar um uns bemüht, und zwar mit den einzigen beiden Sätzen, die sie fließend deutsch sprechen kann: »Geht es Ihnen gut? Brauchen Sie Sauerstoff?« Im Bus wird eine Flasche Sauerstoff mit Schlauch und Atemmaske mitgeführt, die auch einmal eingesetzt werden muss. Herr und Frau L. aus der Schweiz (ebenfalls Passagiere auf unserem Schiff) haben für die gleiche Tour einen privaten Geländewagen mit Fahrer und Guide gemietet. Ausgerechnet Letztere, ein junges Mädchen, wurde bereits auf dem Hinweg und noch weit vor dem Ausflugsziel höhenkrank! Zum Glück fuhr das Auto unserem Bus nur wenig voraus, sodass gleich Erste Hilfe geleistet werden konnte. Danach entschieden die Schweizer, die Fahrt abzubrechen und umzukehren.

In ungefähr dreitausend Metern Höhe passieren wir die Baracken eines militärischen Ausbildungslagers. Die Soldaten verbringen hier einige Wochen, um sich mit den gesundheitlich schwierigen Bedingungen der Höhe vertraut zu machen.

Schon auf dem Hinweg sind mir an verschiedenen Stellen am Straßenrand aufgestellte kleine Holzkreuze aufgefallen, von denen einige mit künstlichen Blumen geschmückt sind. Wie ich später nachlese, markieren sie Orte, an denen Leute abgestürzt sind – entweder durch Unfall oder auch freiwillig. An anderen Punkten hat man drei Steine von unterschiedlicher Größe aufeinander geschichtet. Vermutlich sollen sie ebenfalls an Verstorbene erinnern.

In umgekehrter Reihenfolge wie auf der Hinfahrt verändert sich für uns wiederum das grandiose Landschaftsbild: Die majestätischen Felsen gehen in Geröllberge über, danach in Sanddünen, ebene Wüste und zuletzt in fruchtbare Gemüsefelder. Auf dem Sand der Dünen zeichnen sich hin und wieder Vogelfußspuren akkurat ab. Von welchen Vögeln, wissen wir nicht. Vielleicht sind es die der großen schwarzen Truthahngeier, von denen wir eine größere Anzahl herumfliegen sehen. Mit ihrem hellroten Kopf besitzen sie tatsächlich eine gewisse Ähnlichkeit mit einem Truthahn.

Insgesamt haben wir an diesem Tag eine Strecke von 420 km zurückgelegt. Es war eine recht anstrengende Tour, doch wir sind glücklich und dankbar für dieses einmalige Landschaftserlebnis.

Trotz Müdigkeit wird für mich die folgende Nacht kurz und wenig erholsam, denn wie schon in Cuzco habe ich mit Kopfschmerzen und Herzjagen zu kämpfen. Ursache dafür ist eindeutig wieder der Koka-Mate-Tee, der – streng genommen – wohl als Droge bezeichnet werden müsste. Aber ich nehme die Beschwerden gelassen in Kauf – quasi als Tribut an die einzigartigen Erlebnisse dieser Tage.

Iquique (Chile)

Am 09. Dezember macht unser Schiff morgens um acht Uhr an der Pier von Iquique (Chile) fest. Heute ist der Himmel leicht bedeckt bei ungefähr 22 °C. Gerade laufen sicher mehr als hundert Fischkutter aus, alle in sehr schneller Fahrt. Die Fischerei mit verarbeitender Industrie ist ein Haupterwerbszweig der Stadt, nachdem sie im letzten Jahrhundert einen enormen Aufstieg, aber dann auch Niedergang in Verbindung mit Salpeter erlebt hatte. Der Salpeter wurde für die Herstellung von Schießpulver gebraucht. Als er später auch synthetisch hergestellt werden konnte, verlor der Abbau zwangsläufig seinen Wert.

Unsere vormittägliche Stadtrundfahrt mit dem gleichen Reiseveranstalter wie gestern zum Lauka-Nationalpark erweist sich leider als »suboptimal«, wie es auf Neudeutsch heißt. Die heutige Reisebegleiterin fungiert nur als Übersetzerin des einheimischen, spanisch sprechenden Führers, der aber offenbar nicht sehr kompetent ist. Wieder funktioniert das Mikro im Bus nicht, es vergeht eine ganze Zeit mit Hallo-, Hallo- und Eins-zwei-drei-Sprechproben. Unterwegs ist unser gestriger Reisebegleiter zugestiegen. Er berichtet stolz, er sei die ganze Nacht durchgefahren, nur um rechtzeitig bei uns in Iquique zu sein! Und – lästern wir leise – um auch hier das Mikro kaputt zu machen? Die Reisebegleiterin Rosemarie ist Chilenin mit deutschen Eltern, sie wuchs zweisprachig auf und hat auch die Deutsche Schule besucht, wie sie mir später erzählt, ihr Mann ist Schwede. Die sympathische schicke Frau kann für die Misere im Bus natürlich nichts. Sie erklärt sie mit den »bekannten südamerikanischen Verhältnissen«.

Die Stadt Iquique, die 1877 durch ein Erdbeben fast vollkommen zerstört wurde, hat für Touristen nicht sehr viel zu bieten, sodass die für die Rundfahrt vorgesehenen vier Stunden sehr gestreckt werden müssen. Als Erstes machen wir Halt am Regional-Museum, das Skelette von Seelöwen, Pelikanen, Ottern und anderen Tieren zeigt, die in dieser Gegend gefunden wurden. Außerdem sehen wir wieder Inka-Mumien in der hockenden Bestattungsform sowie Grabbeigaben: Gefäße aus Ton und Keramik. In einer anderen Abteilung kann man Gebrauchsgegenstände bewundern, die Ende des 19. Jahrhunderts aus Deutschland und England eingeführt wurden, z. B. Tretnähmaschinen, Teekocher, Rasierapparate und -klingen, Brennscheren u. Ä.

Die Innenstadt besteht zum Teil aus bunt gestrichenen Holzhäusern, die noch aus der Zeit der Stadtgründung stammen sollen, doch selbstverständlich restauriert wurden. Das Holz kam von den Schiffen, die es als Ballast mitgeführt hatten. Einige dieser Häuser besitzen kleine Säulen, geschnitzte Verzierungen und kunstvolle Balkongeländer. Für Letztere nahm man ebenfalls als Schiffsballast genutztes Eisen. Die Fassaden stehen unter Denkmalschutz, während die Wohnungen dahinter den heutigen Bedürfnissen angepasst wurden.

Wir spazieren zu einem größeren Haus, dem zu Beginn des 20. Jahrhunderts erbauten »Palast« des »Salpeterkönigs« Astoreca. Das Gebäude ist wirklich sehr feudal. Die riesige Halle besitzt ein Glasdach mit kunstvoller bunter Bemalung. An auffälliger Stelle hängt das imposante Ölporträt des Salpeterkönigs. Zwei elegante Freitreppen aus poliertem Edelholz führen von der Halle nach oben zu einer Galerie und dem übrigen Wohnbereich. Die Räume mit holzgetäfelten Wänden sind mit schönen alten Möbeln eingerichtet. Unsere Mitreisende, die schon erwähnte gebürtige Chilenin, gesteht mir, dieses Haus erinnere sie stark an den hochherrschaftlichen Besitz ihrer Großeltern, in dem auch sie und ihre Eltern gewohnt haben. Es sei noch gar nicht so lange her, erzählt sie amüsiert, dass die Großmutter ihrer Tochter entrüstet von einem unglaublichen Ansinnen des Ersten Hausmädchens berichtet habe: Die Dienerin habe doch tatsächlich gefragt, ob sie nicht ab und zu sonntags frei haben dürfe!

Mit dem Bus fahren wir weiter zum Bela-Vista-Strand, der dicht beim Stadtzentrum liegt, und den wir vorher bereits zweimal passiert haben. Der Strand mit dunklem Sand ist sehr breit und die Brandung gewaltig. Allerdings beträgt die Wassertemperatur hier das ganze Jahr über nicht mehr als 17 °C. Wir spazieren auf der breiten Promenade hin und her und unterhalten uns eine Weile mit Herrn Dr. B., einem der Lektoren auf der HANSEATIC. Es war jedoch etwas unbedacht von mir, ihm eine Frage aus seinem Fachgebiet Botanik zu stellen, denn er kann einfach nicht aufhören, sein enormes Fachwissen vor uns auszubreiten.

Inzwischen fahren wir nun zum dritten Mal an den uns schon bekannten Stellen vorbei, jetzt jedoch zum Stadttheater, auf das man hier sehr stolz ist. Angeblich ist der Bau der berühmten Schauspielerin Sarah Bernhardt zu verdanken, die es leid war, immer in unzulänglichen Räumen aufzutreten. Diese Story haben wir übrigens während unserer Reisen in Süd- und Mittelamerika an passender Stelle schon mehrfach gehört.

Das Theater ist relativ klein, immerhin besitzt es aber drei Ränge und die üblichen Prominentenlogen. In einer der rückwärtigen Logen nehmen wir Platz auf schmiedeeisernen, wie Sessel geformten Stühlen, deren Sitz vollständig und die Rückenlehne nur in Schulterhöhe gepolstert ist. Wir beobachten eine Gruppe Ballettschülerinnen, die auf der Bühne herumhüpft. Die Mädchen sind zwischen ungefähr vier bis zwölf Jahre alt und besitzen unterschiedliche Fertigkeiten; alle sind sehr niedlich anzusehen. Eine etwas in die Breite gegangene Ballettlehrerin ruft die entsprechenden Kommandos. Ebenso wie das Regional-Museum besitzt das Theater im Innern eine riesengroße, nicht zu übersehende Messingwandtafel, auf der Herrn General Pinochet gedankt wird für seine Unterstützung und Verdienste im Zuge der Renovierung des Gebäudes.

Das Theater liegt an einem zentralen Platz mit einem originellen, begehbaren hölzernen Uhrturm. Wir haben eine Stunde Zeit bis zum nächsten Besichtigungspunkt. Und so setze ich mich auf eine Bank nahe einer belebten Kreuzung und beobachte fasziniert den Polizisten, der ungeschützt mitten im Verkehr steht. Er regelt ihn mit Handzeichen, vor allem aber mit Signalen seiner Trillerpfeife. Dies tut er mit enormer Lungenkraft und verschiedenen Signalen: ein kurzes für »Halt«, ein längeres für »Fahren« und noch ein drittes, eine Art Antreibesignal. Erstaunlicherweise entlockt er der Trillerpfeife nicht nur die üblichen schrillen, sondern auch tiefere Töne. Die tiefen erzeugt er auf die Weise, dass er mit der freien Hand das Schallloch der Pfeife etwas mehr oder weniger abdeckt. Bis ich dies herausgefunden habe, vergeht eine ganze Weile und damit auch die Wartezeit bis zum nächsten Besichtigungspunkt.

Wie vorher verabredet, trifft sich unsere Gruppe im »Spanischen Casino«, wie das Clubhaus der Spanier genannt wird. In der großen Eingangshalle hängen neben Ölporträts von König Juan Carlos und seiner Frau Sofia andere Bildnisse schöner Damen und allegorischer Figuren. Das Haus ist im südspanischen, d. h. maurischen Stil ausgestattet. Eine Freitreppe führt in den ersten Stock mit einer Galerie und weiteren Räumen. In dieser Galerie befindet sich ein großer, von der Decke bis zum Boden reichender Spiegel, der jedoch nur oben und an den Seiten von einem geschnitzten vergoldeten Rahmen eingefasst wird, sodass man glauben könnte, dies sei ein Durchgang. Tatsächlich lassen sich einige von uns dadurch täuschen und halten erst dann erschreckt inne, wenn sie sich selbst gegenüberstehen.

Man kann auf einen schmalen Balkon hinaustreten und sich von oben das Leben auf dem Platz ansehen. Es wird ein Pisco-Likör gereicht, und mit dem Glas in der Hand stehen wir zwanglos plaudernd herum. Unsere Mitreisenden, die wie wir von der Organisation der Stadtrundfahrt und der Stadt etwas enttäuscht sind, tauen durch den oder die Liköre langsam auf, und so gibt es während der Rückfahrt zum Schiff im Bus viel Spaß und Gelächter.

Der nächste Tag (Dienstag, 10. Dezember) ist zum Glück ein Seetag, an dem wir mal wieder ausschlafen und uns erholen können von den hochinteressanten, doch zum Teil auch anstrengenden Ausflügen. Die Nacht über herrscht eine sehr schwere, langgezogene Dünung, die uns alte Fahrensleute jedoch nicht stört. Beim Frühstück sind außer uns allerdings nur zwei weitere Gäste im Restaurant, erst allmählich werden es wenige mehr. Da einige Mitreisende in Callao ausgestiegen sind, zählen wir sowieso nur noch knapp achtzig Gäste auf dem Schiff.

Für nachmittags war eigentlich eine Zodiac-Anlandung auf der Isla Pan de Azucar geplant, die von den Behörden jedoch nicht genehmigt wurde. Trotz der recht bewegten See fahren einige Gäste mit dem Zodiac bis auf die erlaubten 200 Meter an die Insel heran, um Humboldt-Pinguine und Pelikane zu beobachten. Heinrich und ich bleiben an Bord und können durchs Fernglas einige dieser Tiere auf einem der Insel vorgelagerten Felsen erkennen.

Coquimbo (Chile)

Am 11. Dezember macht die HANSEATIC mittags im Hafen von Coquimbo (Chile) fest. Wieder haben wir eine Stadtrundfahrt gebucht, und diesmal funktioniert auch das Mikrofon im Bus. Zwei sehr gut deutsch sprechende Reiseleiterinnen begleiten uns. Die eine ist erst achtzehn, wie sie uns später erzählt, und Schülerin der 12. Klasse. Zu ihrem Bedauern hat sie die Deutsche Schule nur bis zur 10. Klasse besuchen können, da es am Ort kein deutsches Gymnasium gibt. Die andere junge Frau ist Inhaberin eines Süßwarengeschäfts. Später reicht sie dann auch eine Tüte Bonbons aus ihrem Laden herum. Beide machen ihre Sache sehr gut und können jede noch so dumme Frage zufriedenstellend beantworten.

Von ihnen erfahren wir, dass es – wie hier überall – auch in Coquimbo sehr trocken ist. Regen gibt es nur zwei- bis dreimal im Jahr, und man ist schon froh, wenn dabei insgesamt 50 mm Niederschlag erreicht werden. Der kostbare Regen wird wie das von den Bergen kommende Schmelzwasser in Stauseen gesammelt und durch Kanalsysteme hinunter in die Stadt geleitet.

Coquimbo ist etwas unorganisch gebaut, denn zunächst wurde die Gegend – wie alle Städte am Meer – rund um den Hafen besiedelt, von wo aus die Stadt sich dann ständig weiter ausdehnte. Heute zieht sie sich einen Berghang bis zur Kuppe hinauf. Wie in Iquique sind die ersten Häuser der Altstadt aus dem Ballastholz der spanischen Schiffe errichtet worden. Coquimbo und auch die Region leben von der Eisenerzverschiffung nach Japan; es gibt hier aber auch Gold-, Silber- und Kupferminen, die in neuester Zeit für Prosperität sorgen. Auf großen Plantagen werden Kiwis, Papayas, Weintrauben und Kartoffeln angebaut.

Auf der Pan-Americana fahren wir zunächst zur u-förmigen, der Stadt gegenüber liegenden Herradura-Bucht. Im Volksmund heißt sie auch »Piratenbucht«, da in früheren Zeiten häufig Seeräuber die an dieser Stelle vor Stürmen Schutz suchenden Handelsschiffe überfielen. Heute wird im hier ruhigen Wasser eine spezielle Algenart gezüchtet. Diese Algen werden getrocknet und als das Lebensmittel Agar-Agar nach Japan exportiert. Ebenfalls existiert in der Bucht eine umfangreiche Austernzucht.

Die Wassertemperatur beträgt im Jahresdurchschnitt nicht mehr als 18 °C. Das Wetter ist heute sehr angenehm: sonnig bei vielleicht 21 °C und leichtem Wind. Im Sommer werden es höchstens 23 °C bei einer durchschnittlichen Jahrestemperatur von 18 °C. In den nächsten Tagen beginnen die drei Monate dauernden Sommerferien der Schulen.

Wir fahren durch Coquimbos Nachbarstadt La

Serena mit ihrem Villenviertel, einem Spielcasino, einer Pferderennbahn und danach am schönen Strand entlang. Von den Balkons der zahlreichen, sehr gepflegt wirkenden Appartementhäuser hängen üppig wuchernde rote Geranien herab, und vor den Häusern leuchten saftig grüne Rasenflächen. Eine breite Kurpromenade wurde erst vor wenigen Jahren an beiden Seiten mit Palmen bepflanzt, die schon jetzt recht hoch sind. La Serena ist sehr beliebt bei argentinischen Urlaubern. Sie reisen während der auch in Argentinien drei Monate dauernden Sommerferien entweder über den 1994 wiedereröffneten Pass »Paso de Agua Negra« oder mit dem Flugzeug an, um an der kühleren Pazifikküste der Hitze in ihrem Land zu entfliehen.

An einem ehemaligen Leuchtturm hält der Bus und wir schlendern ein wenig herum, umfächelt vom Seewind. Anschließend fahren wir zu einem Parkplatz am Rande des höher gelegenen Zentrums von La Serena. Zu Fuß wandern wir dann vorbei an einem schattigen Park und einer Kathedrale bis zum zweistöckigen Markt mit einem Innenhof. Hier wird alles Mögliche angeboten: Obst, Gemüse und sonstige Lebensmittel, Haushaltswaren, Kleidung sowie Indiohandarbeiten und importiertes Spielzeug. Die Stadt macht einen sehr geschäftigen, beinahe südspanischen Eindruck.

Der Besuch eines archäologischen Museums, das 1910 errichtet wurde, darf natürlich nicht fehlen. Hier wird wieder all das gezeigt, was wir bereits gesehen haben: Hockende Mumien und Artefakte der Paracas-, Ica- und anderer Vor-Inka- sowie Inka-Kulturen. Zum Gebäude gehört ein schön bepflanzter kleiner Vorhof mit Brunnen.

Bei der anschließenden Besichtigung der Pisco-Brennerei CONTROL empfängt uns schon beim Betreten des Gebäudes der süßliche Geruch dieses Trester-Branntweins. In einer riesigen Halle beobachten wir, wie die Flaschenwasch-, Abfüll-, Verschließ- und Etikettier-Anlagen arbeiten. Nicht mehr als drei Leute beaufsichtigen diese Maschinen. Wir steigen eine steile Treppe hinunter in Kellerräume, in denen die vielen Fässer lagern. Hier sehen wir Kupferdestilliergeräte aus früherer Zeit und hier werden wir schließlich mit einem Pisco belohnt. Meinen überlasse ich Heinrich, der diesem »Nationalgetränk« der Chilenen allerdings auch nicht sehr viel abgewinnen kann.

Mit dem Bus fahren wir danach weiter durch ein schönes, am Berghang gelegenes Wohnviertel. Die architektonisch fantasievoll gestalteten Häuser sind überwiegend einstöckig und nicht unterkellert. Außer einer Vorschrift, nicht höher als drei Stockwerke zu bauen, gibt es keine weiteren behördlichen Auflagen. Den nächsten Stopp legen wir bei der Universität von La Serena ein, die oberhalb der steilen Küste liegt. Von dort aus blicken wir auf die Herradura-Bucht und hinüber nach Coquimbo.

Gegen halb fünf Uhr nachmittags sind wir wieder an Bord, eine halbe Stunde später legt unser Schiff ab.

Ein Teil der Passagiere ist schon in Abschiedsstimmung. Morgen fahren sie von Valparaíso mit dem Bus nach Santiago, um von dort aus den Heimflug nach Frankfurt anzutreten. Von Bord gehen auch das sympathische Mannheimer Ehepaar St. und die gebürtige Chilenin mit ihrem Mann. Mit den vier Leuten und Herrn und Frau Sch. aus Reinbek haben wir uns im Laufe der Reise angefreundet. Dazu gehört auch das Ehepaar L. aus der Schweiz. Herr L. muss in die Hauptstadt, um dort Geschäfte zu regeln. 1950 hatte er in dieser Gegend eine Farm geerbt, die jedoch während Allendes Präsidentschaft bis auf einen Rest enteignet und den Landarbeitern zur Eigenbewirtschaftung übergeben wurde. Inzwischen geht es diesen Leuten aber viel schlechter aus seinerzeit, und sie haben ihn angefleht, so erzählt er mir, doch wieder ihr »Patron« zu werden.

Valparaíso (Chile)

Heute ist Donnerstag, der 12. Dezember. Die Koffer der Abreisenden stehen zum Verladen schon an Deck, als unser Schiff seitwärts an eine Pier des Hafens von Valparaíso heranmanövriert. Die ursprünglich für uns vorgesehene Pier im Fruchthafen ist zurzeit mit Frachtschiffen belegt, da inzwischen die Obsternte begonnen hat. Deshalb ist unser Liegeplatz ziemlich weit entfernt vom Stadtzentrum. Aber Heinrich und ich wollen ohnehin die Stadt nicht zu Fuß erkunden, sondern heute Nachmittag an einer Rundfahrt teilnehmen.

Die HANSEATIC wird hier neu verproviantiert, und auf der Pier herrscht ein unglaublich geschäftiges Leben. Ein fahrbarer Kran bugsiert einen riesigen Container in Schiffsnähe; hierin ist der zu übernehmende Proviant verstaut. Lastwagen fahren an das Schiff heran mit Frischgemüse, Obst, Milch und Säcken mit roten Kartoffeln. Sogar unsere Tischstewards müssen heute mitanpacken, um diese Dinge auf das Laufband zu befördern, welches alles in den Schiffsbauch und dort in die Kühlräume transportiert. Auf der Wasserseite liegt neben uns ein Bunkerschiff. Den ganzen Tag lang pumpt es Treibstoff in die Tanks unseres Schiffs und steigt dadurch im Laufe der Stunden im Vergleich zur HANSEATIC immer höher. Noch abends hängt der Geruch des Öls im ganzen Schiff und dringt durch die Klimaanlage auch in unserer Kabine.

Reiseleiterin bei der Stadtrundfahrt ist die grazile Chilenin Julieta. Sie redet unentwegt, und einiges davon habe ich mir notiert. Sie erzählt vom Pazifischen Krieg (auch Salpeterkrieg genannt), in dem es um die Salpetervorkommen im Grenzgebiet der Atacama-Wüste ging. Chile führte diesen Krieg von 1879 bis 1883 gegen seine vorherigen Verbündeten Bolivien und Peru und beendete ihn siegreich. Wir kommen am Denkmal für den chilenischen Helden Prat vorbei, unter dem er mit zehn seiner gefallenen Männer seine letzte Ruhe gefunden hat.

Im Stadtbild fallen ungewöhnlich viele Busse auf, die so zahlreich sind, dass sie inzwischen den fließenden Verkehr behindern. Eine Alternative zu den großen Bussen sind »kollektive Taxis«. In die steil über der Unterstadt liegenden oberen Stadtviertel führen mehrere Personenaufzüge. Entlang der Hauptstraßen in der Unterstadt hängen unzählige, in Abständen locker gebündelte, dicke und dünne Stromkabel von Holzmast zu Holzmast. Wie überall in der Welt sind die Stadtteile von unterschiedlicher Qualität – wir fahren nur durch gutbürgerliche und feudale.

Der Hafen war 1536 von einem Mitglied der spanischen Conquistadores entdeckt worden, gegründet wurde das eigentliche Valparaíso jedoch 1544 vom spanischen Kolonisator Pedro de Valdivia. 1906 zerstörte ein Erdbeben die Stadt, die heute rund 280.000 Einwohner zählt. Das letzte große Erdbeben war 1985, und da ungefähr alle zehn Jahre mit einer Wiederholung zu rechnen ist, wartet man bereits auf das nächste. Die neueren Hochhäuser sind angeblich erdbebensicher auf Stelzen gebaut. Aber Julieta ist skeptisch und gesteht, sie sei »wirklich sehr gespannt«, ob das im Ernstfall zutrifft. Valparaíso ist Marinestützpunkt und so kommen wir im Laufe unserer Rundfahrt an zahlreichen Gebäuden vorbei, die in irgendeinem Zusammenhang mit der chilenischen Marine stehen: Marine-Akademie, Marine-Krankenhaus, Marine-Kasernen, Marine-Tennisplätze u. Ä.

Heute ist es windstill, um 14.00 Uhr zeigt ein öffentliches Thermometer 20 °C an. Oberhalb der Stadt machen wir neben einer Aufzugsstation unter schattigen Bäumen Halt und schlendern ein wenig herum, sehen den Souvenir-Händlerinnen zu und kaufen ein paar Ansichtskarten. Ich unterhalte mich mit Julieta und lasse erkennen, dass mich die jetzigen politischen Verhältnisse in Chile aus Insider-Sicht interessieren. »Also«, antwortet sie etwas zögernd, »eigentlich soll ich ja nicht über Politik sprechen, aber soviel kann ich Ihnen sagen: Ich

persönlich bin eine Anhängerin von General Pinochet!« Auf mein bestürztes Gesicht hin fügt sie
hinzu: »Es stimmt natürlich, dass er Leute getötet
oder vielmehr den Befehl dazu gegeben hat.[3] Aber
glauben Sie mir, wenn die Kommunisten allein an
die Macht gekommen wären, hätten sie das Gleiche mit uns getan!« Der jetzt [1996] einundacht-
zigjährige General Pinochet befehligt immer noch
das chilenische Heer, das im Übrigen eine besonders gute Disziplin besitzen soll. Letztere sei darauf zurückzuführen, erklärt Julieta, dass Ende des
19. Jahrhunderts ein hoher preußischer Offizier
(Emilio Körner), als Chiles Militärberater und
anschließend als Generalinspekteur tätig gewesen
war.

Bereits seit 23 Jahren ist Pinochet Oberbefehlshaber des Heeres und das sogar noch, nachdem er
1990 aufgrund eines Plebiszits als Staatsoberhaupt
abgesetzt wurde. Vorher hatte Salvador Allende
Gossens die wenigen Jahre seiner Amtszeit als
Staatspräsident dafür gearbeitet, Chile zu einem
»demokratischen Sozialismus« zu führen. 1973
»fand Allende den Tod«, wie es etwas unpräzise
heißt. Die Vermutung liegt nahe, dass er vom put-
schenden Militär ermordet wurde, die offizielle

---

[2] Augusto Pinochet konnte für keine seiner während
der Diktatur begangenen Menschenrechtsverletzungen
verurteilt werden, da er während des letzten Prozesses
(2006) starb.

chilenische Version spricht allerdings von »Selbstmord«. Der jetzige demokratisch gewählte Staatspräsident Eduardo Frei ist ein Sohn des Staatspräsidenten Eduardo Frei, der 1964 mit ersten demokratischen Ansätzen zu regieren versuchte. Aber, so hören wir im Laufe der Reise von unseren verschiedenen chilenischen Guides, das Militär besitze immer noch große Macht im Lande, deshalb müsse sich jeder Präsident auch gut mit dem Oberbefehlshaber des Heeres stellen. Und das ist nach wie vor General Pinochet.

Später fahren wir auf der hoch gelegenen Uferstraße am Pazifik durch die Ferienorte Viña del Mar und Mocha. Ein Appartementhaus neben dem anderen wurde hier terrassenförmig in den sandigen Berghang gebaut, wodurch diese Gebäude als absolut erdbebensicher gelten. Zwischen den Grundstücken erkennt man die Schienen der offenen Aufzüge, die in die verschiedenen Häuser führen. Viele halbfertige Wohnungen stehen zum Verkauf. Wie in La Serena sind die Balkons und Terrassen der bereits bewohnten Gebäude über und über mit Hängegeranien geschmückt, die hier in allen Farben blühen.

Das Meer wird in dieser Region nicht wärmer als 16 – 17 °C. Es ist eine zum Teil felsige Küste mit starker Brandung und breiten Sandstränden. Schwimmen sei gefährlich wegen äußerst starker Unterströmungen, warnt Julieta, nur kundige Einheimische könnten es an bestimmten Stellen wagen.

Die Sonne scheint nach wie vor vom wolkenlosen Himmel, und im Laufe des Nachmittags steigt die Temperatur auf angenehme 23 °C. Wir spazieren durch einen wunderschönen Park mit Jakaranda- und Trompetenbäumen, Hibiskus-, Fuchsien-, Bougainvilleabüschen und anderen üppig blühenden Sträuchern sowie mit für hiesige Verhältnisse exotischen Bäumen wie z. B. Kastanien. Sogar Stiefmütterchen, Löwenmaul und andere, auch in unserem Garten gedeihende Pflanzen sehen wir.

Auch vor Valparaíso werden Algen geerntet. Getrocknet gelten sie u. a. als beliebter Zusatz zur Kinder- und Altennahrung, da sie durch ihren Jodgehalt sehr gesund sein sollen. Als wir auf einen Aussichtspunkt klettern, wo unter uns in den zerklüfteten Felsen die Brandung tobt, beobachten wir, wie sich die langen, an den Felsen klebenden Algenbärte mit den Wellen bewegen. Auf der anderen Straßenseite erheben sich an dieser Stelle gewaltige hellbraune Dünen. Wir passieren den Fluss Marga-Marga, der in den Pazifik mündet und jetzt nahezu ausgetrocknet ist. Seit vier Jahren hat es in dieser Region so gut wie keinen Regen mehr gegeben!

Die Zweigstelle einer Lapislazuli-Fabrik ist unser nächstes Ziel, und einige von uns können sich sogar innerhalb des knapp viertelstündigen Aufenthalts zum teuren Schmuckkauf entschließen. Heinrich entdeckt dagegen in der Service-Ecke für Kunden einen Wasserkocher, eine Dose Pulverkaffee, Zucker, Milchtopf und Pappbecher, sodass wir uns einen Kaffee bereiten können.

Am 13. Dezember, einem Tag auf See, ist der Himmel morgens bedeckt, erst mittags kommt die Sonne durch.

Abends findet das Captain's Dinner statt und vorher der Abschieds-Cocktail. Der Kapitän, die Offiziere und die Reiseleitung bauen sich zum Chor auf und geben gut gelaunt »Wir lagen vor Madagaskar«, »Rolling home«, »Ik heff mol 'nn Hamborger Veermaster sehn ...« sowie andere Seemannslieder und Shantys zum Besten.

Inzwischen sind wir nur noch knapp sechzig Passagiere an Bord, nachdem in Valparaíso viele Gäste abgereist sind. Und so wird es fast ein familiäres Dinner, zumal an jedem Tisch einer der Offiziere oder ein Mitglied der Reiseleitung sitzt.

Isla Mocha (Chile)

Morgens um sieben Uhr am 14. Dezember ankert die HANSEATIC vor der kleinen Insel Mocha. Mit dem Zodiac fahren wir eine recht lange Strecke hinüber und landen an einem verfallenen Betonsteg. Für die »nasse Landung« haben wir unsere vom Schiff zur Verfügung gestellten Gummistiefel angezogen. Einige neugierige Inselbewohner, vor allem natürlich Kinder, erwarten uns bereits. Clevere Einwohner sind mit gummibereiften Pferdefuhrwerken herangefahren. Sie bieten eine Inselrundfahrt für 5 US-$ pro Person an. Aber Heinrich und ich wollen lieber mal wieder ein bisschen zu Fuß ausschreiten.

Mocha ist eine grüne Insel mit auch bei uns heimischen Gewächsen, z. B. Disteln mit blaulila Blüten, Habichtskraut, Rosen u. Ä. Die unbefestigte Straße führt an einfachen Steinhütten vorbei, alles wirkt etwas verschlafen. Aber heute ist ja auch Sonnabend und mit neun Uhr noch früh. Ein Polizist hoch zu Ross galoppiert uns entgegen. Offensichtlich ist er etwas verspätet unterwegs zur Anlegestelle. Die Dächer der Polizei-Station und der Schule tragen je einen hohen Antennenmast. Schwarze Schweine wühlen im grün bewachsenen Graben, und ungefähr zwanzig Gänse mit grauschwarzen Flügeln vor uns haben es plötzlich eilig,

zu einem nahen Tümpel zu gelangen. Schwarzwei-
ße und braune Rinder stehen unschlüssig auf unserem Weg, und Schafe betrachten uns verwundert.
Ein Stück entfernt von der flachen Küste erheben
sich landeinwärts sanfte Berge, auf denen grüner
Regenwald wuchert.

In knapp neunzig Minuten haben wir vermutlich alles gesehen, einige Fotos geschossen und so
machen wir uns auf den Rückweg. Offenbar sind
wir Touristen eine Sensation, denn inzwischen hat
sich an der Anlegestelle die Gruppe der Inselbewohner vergrößert. Die Leute beobachten interes-
siert, wie wir unsere hier abgestellten Gummistiefel wieder anziehen und die Schwimmwesten
umbinden, bevor wir durchs Wasser waten und in
den Zodiac steigen. Als »Souvenir« schenke ich
einer dunkelhäutigen Insulanerin meine Lufthansa-
Socken vom Hinflug. Darüber freut sie sich sichtlich und zeigt sie stolz herum.

Diesmal steuert der smarte Steward Alexander
den Zodiac und kreuzt trotz des heftigen Seegangs
nicht, sondern fährt sozusagen in gerader Linie
zum Schiff, sodass Heinrich wieder ziemlich nass
wird. Später hören wir, Alex habe erst vorgestern
in Valparaíso seine Motorbootführerscheinprüfung
abgelegt.

Puerto Montt (Chile)

Sonntag, 15. Dezember, macht unser Schiff morgens um acht Uhr in Puerto Montt fest. Die Hafenstadt mit 105.000 Einwohnern liegt am nördlichen Ufer des Golfs Seno de Reloncavi.

Heute ist unser Ausschiffungstag. Das große Gepäck – d. h. wir haben uns diesmal wieder nur auf je einen 50-cm-Trolley beschränkt – wurde nachts bereits vor unserer Kabinentür zur Weiterspedition abgeholt. Nach dem Frühstück schlendern wir von Bord, um uns ein wenig in der Hafengegend umzusehen. Es ist warm genug für ein kurzärmeliges T-Shirt. Auf dem Hafengelände lagern in haushohen Haufen Edelholzspäne. Sie werden nach Japan verschifft für die Papierverarbeitung. Ebenfalls nach Japan wird von hier aus auch das dort so beliebte Agar-Agar exportiert.

Auf dem Weg zum Fischmarkt kommen wir am sogenannten Indianermarkt vorbei. Er besteht aus zahlreichen Buden am Straßenrand, deren Inhaberinnen jetzt nach und nach die über die ganze Front gehenden Rollläden hochziehen. Auf dem Fischmarkt ist dagegen so früh schon viel Betrieb, zu den Kunden gehören offensichtlich auch Großverbraucher, wie z. B. Restaurantbesitzer. Es werden neben anderem Lachs, Thunfische, riesige makrelenartige Fische und Rochen angeboten sowie verschiedene Arten von Muscheln: Jakobsmuscheln, Austern und Picorocos, die ein Junge mit einem kurzen scharfen Messer aufschlägt. Picorocos sehen von außen aus wie längliche Austern, die zu mehreren Exemplaren in bis zu 30 cm großen Gebilden aneinanderkleben. Sie gehören zur Familie der Seepocken. Hier auf dem Fischmarkt leben sie noch, man kann Bewegungen innerhalb der einzelnen Gehäuse erkennen.

Gegen 12.00 Uhr startet der Bus, der uns auf Umwegen zum kleinen Regional-Flughafen bringen soll. Unsere chilenische Reisebegleiterin Evelin spricht ausgezeichnetes Deutsch. Das hat sie von ihrer Großmutter gelernt, gesteht sie, und auf der Deutschen Schule. Sie zeigt uns ihre Heimatstadt, in der sie seit Geburt lebt.

Puerto Montt wirkt ausgesprochen europäisch, wenn nicht sogar deutsch, und gerade auf Letzteres ist man hier sehr stolz. Denn es war eine Gruppe von 212 deutschen Kolonisten, die 1852 das damals noch unerschlossene Gebiet besiedelten, was ihnen durch Landschenkungen der chilenischen Regierung erleichtert wurde. Deshalb wohl auch erhielt die Stadt den Namen des zu der Zeit regierenden Staatspräsidenten [Manuel] Montt. Bis 1876 kamen weitere 275 Deutsche hinzu, die sich vor allem als Geschäftsleute oder Gewerbetreibende niederließen. Sie waren zum großen Teil bereits im Norden Chiles ansässig gewesen. Im Stadtbild findet man auch heute noch Geschäfte mit deutschem Familiennamen. Ein Denkmal zwischen der Golf-Promenade und dem zentralen Platz erinnert an die ersten deutschen Siedler. Es gibt sogar eine Deutsche Schule, aber – klagt Evelin – das Auswärtige Amt der BRD ziehe Jahr für Jahr einen Lehrer mehr ab. Sie ist in großer Sorge, dass ihre Enkel nun kein Deutsch mehr lernen werden.

Das Stadtbild wirkt sehr sauber, es gibt gepflegte, mit Blumen bepflanzte Rabatten zwischen der Promenade am Wasser und der Uferstraße. Eine breite Betonmole mit einzelnen Bänken an den Seiten führt auf den Golf hinaus. Auf dem zentralen Platz – eine Grünanlage mit dicht belaubten Bäumen – wurde der Stall von Bethlehem mit Krippe, Jesuskind und lebensgroßen Figuren von Maria und Josef aufgebaut. Ebenfalls in Lebensgröße stehen auf dem Rasen davor die Heiligen Drei Könige sowie der Engel Gabriel, Letzterer mit silbernen Pappflügeln. Vom Band und über Lautsprecher ertönen abwechselnd deutsche Weihnachtslieder wie »Stille Nacht, heilige Nacht«, »Leise rieselt der Schnee« und Pop-Musik. Wieder einmal werden wir daran erinnert, dass Adventszeit ist, was wir bei diesem sommerlichen Wetter zeitweilig völlig vergessen.

Ich frage Evelin, die etwas verloren ganz allein

herumläuft, denn die Touristen sind mit ihren Gedanken schon fast zu Hause, ob sie den Namen der Bäume kenne, unter deren dichtem Blätterdach wir uns gerade befinden. Meiner Meinung nach seien es keine Linden, obwohl sie ähnlich aussehen. »Olá, Manuel«, ruft sie einem Passanten zu, um nun ihn zu fragen. Nein, leider wisse er es auch nicht. »Oh«, sagt sie, »ich habe sie immer für Linden gehalten, wo ich doch das deutsche Lied vom Lindenbaum so liebe!« Dieses und andere Lieder singt sie im örtlichen Deutschen Gesangverein. Offenbar lässt meine Frage ihr aber keine Ruhe, denn später kommt sie noch einmal darauf zurück. Inzwischen habe sie erfahren, es handele sich um den chilenischen Ruil. So sind nun mal die Deutschen, denkt sie sicher, die wollen alles immer ganz genau wissen! Und ich hatte eigentlich doch nur ein paar freundliche Worte mit ihr wechseln wollen!

Gerade sind wir im Begriff, zur vereinbarten Zeit wieder in den Bus zu steigen, als Evelin verkündet: »Fünf Minuten Verlängerung! Wir wollen uns noch das Militärkonzert anhören.« Die Musik an der Krippe wurde inzwischen abgestellt, und nun warten wir auf die Klänge der Militärmusiker in grauen Uniformen, die sich bereits auf einem Podium eingefunden haben. Mit uns warten zahlreiche einheimische Spaziergänger, während ihre Kleinkinder übermütig herumtoben. Immer wieder blickt der Dirigent forschend zum Portal der Kirche, »denn«, erklärt Evelin, »bevor der Pastor drinnen nicht ›Amen‹ gesagt hat, darf er nicht anfangen.«

An diesem dritten Adventssonntag lässt der Pastor sich viel Zeit mit dem Amen-Sagen. Die Musiker spielen hin und wieder ein paar Töne, doch der Dirigent in Uniform winkt ab. Erst nach rund fünfzehn Minuten öffnet sich das Kirchenportal, der Geistliche – mit weißem Spitzenüberwurf über dem Talar – erscheint, schüttelt jedem Kirchgänger zum Abschied die Hand, und endlich darf die Kapelle mit ihren schmissigen Klängen beginnen. Die herausgeputzten kleinen Mädchen beginnen, im Takt zu hüpfen. Einige von ihnen tragen eine durchsichtige Voile-Schürze über dem Sonntagskleid, so wie es auch in unserer Familie während meiner Kindheit noch Sitte war. Ein Indiomädchen von vielleicht eineinhalb Jahren bewegt wie eine Große rhythmisch ihre Hüften. Das sieht so reizend aus, dass wir Touristen unsere schon verstauten Fotoapparate wieder hervorholen.

Allmählich wird es Zeit, zum Flughafen zu fahren. Unterwegs lässt Evelin aber noch einmal für einem Fotostopp anhalten, damit wir von einer Anhöhe aus einen letzten Blick auf die Stadt und den Hafen mit der jetzt weit entfernt liegenden HANSEATIC werfen können. Hier oben hat »Tante Uschi« ihren kleinen Laden, den sie neben ihrer

Unterrichtstätigkeit an der deutschen Schule betreibt. Dies erfahren wir von Evelin. Zufällig steht sie gerade vor der Tür. Stolz ruft Evelin ihr zu: »Das sind alles Leute aus Deutschland!« Erfreut winkt Tante Uschi und wir winken zurück.

Weiter fahren wir durch eine Siedlung adretter kleiner Holzhäuser mit Blumentöpfen in den Fenstern und Wäscheleinen im Garten und dann vorbei an vor hundert Jahren gerodetem Urwald mit Baumstümpfen, die immer noch nicht verrottet sind.

Trotz der Umwege und Stopps erreichen wir den Airport viel zu früh für unsere Chartermaschine. Beim Abschied schenke ich Reiseleiterin Evelin meinen kleinen Schokoladen-Nikolaus und ahne nicht, welche Freude ich damit auslöse. Denn laut Etikett stammt mein Betthupferl vom 06. Dezember aus Deutschland, und dazu noch von einer am Rhein gelegenen Firma – also ein echtes deutsches Produkt! Über diese Tatsache ist Evelin ist so beglückt, dass sie mich spontan in ihre Arme schließt und auf die Wangen küsst!

Der Flug über die Cordilleren de los Andes ist wieder atemberaubend schön: Schneeberge, rötliche Felsen liegen unter uns und später Flachland mit dem bunten Flickenteppich der Felder und grünen Wiesen. Flüsse schlängeln sich durch die Landschaft, grüne Wälder sind zu sehen. »Fast wie bei uns!«, notiere ich. Es ist eine durch und durch kultivierte Landschaft mit verstreut liegenden Farmhäusern. In diesem Gebiet zwischen Puerto Montt und Santiago konzentriert sich Chiles Landwirtschaft.

Gegen vier Uhr nachmittags landen wir sanft in Santiago, und eine Dreiviertelstunde später sind wir schon im Hyatt Regency Hotel, das in einem Vorort der Stadt liegt. Das Hotel wirkt etwas protzig und so, als habe es ein Hollywood-Film-Architekt entworfen: viel Glas, Chrom, Marmor, echte Teppiche und an unerwarteten Stellen indianische oder griechische Skulpturen. In der runden Eingangshalle mit der einige Stufen tieferen Lobby steht ein schneeweißer Flügel, den bei unserer Ankunft ein Pianist im Smoking bearbeitet. Von der Lobby blickt man ca. 30 Stockwerke hoch bis zum kuppelartigen, mit glänzenden Stahlverstrebungen gestützten Glasdach der Halle. Gläserne wabenförmige Fahrstühle führen nach oben.

In warmer Abendluft sitzen wir auf der Terrasse vorm Hotel-Restaurant. Es gibt jedoch Schwierigkeiten mit unserer Bestellung, sodass wir uns an das Schälchen Cashew-Nüsse halten, welches gratis auf jedem Tisch steht. Später erklären wir uns den schlechten Service mit dem Fußballspiel Chile gegen Argentinien [Ergebnis 1 : 1], dessen Fernsehübertragung selbstverständlich auch die Kellner nicht versäumen dürfen.

Santiago (Chile)

Am nächsten Tag, 16. Dezember, beginnt um neun Uhr unsere Stadtrundfahrt mit dem einheimischen Reiseleiter Hugo, der ein gepflegtes, etwas altmodisches Schriftdeutsch spricht. Auch er – wie alle Guides – füttert uns unaufgefordert mit Daten: Das langgestreckte Chile mit seinen 14 Millionen Einwohnern [1996] besteht klimatisch aus zwölf Regionen, denn das Land reicht vom 17. bis zum 56. Grad südlicher Breite. 4.000 km führt die Pan-Americana allein durch chilenisches Gebiet! Die Bevölkerung des Landes ist überwiegend katholisch, es gibt ca. 5000 (!) Sekten, die oftmals jedoch nur ein paar Mitglieder zählen.

Während wir mit dem Bus auf einem sehr sauberen mehrspurigen Auto-Ring fahren, berichtet Hugo unermüdlich: Chiles jährliches Wirtschaftswachstum beträgt seit ungefähr sechs Jahren 5 bis 7 %. Es gibt rund 14 % Arbeitslose. – Heute lebt die Wirtschaft hauptsächlich noch vom Kupferabbau und von der Kupferwirtschaft, doch will man verstärkt andere Rohstoffe des Landes erschließen, wie z. B. Molybdän, Eisen, Kohle, Lithium, Zink, Zinn, Schwefel. – Der 18. und 19. November sind Nationalfeiertage. – Die bedeutendste Zeitung »El Mercurio« ist in privater Hand, und zwar in der einer britischen Familie. – Der Terrorismus sei passé, beteuert Hugo, und macht sich darüber lustig, dass die amerikanische Botschaft trotzdem immer noch wie eine Festung ausgebaut ist. – Übrigens verkauft auch Hugo uns die offizielle chilenische Version, wonach Allende sich 1973 während des Militärputsches das Leben genommen hat, und zwar zum Zeitpunkt der Bombardierung des [damaligen] Kongressgebäudes in Santiago.

Aus dem Busfenster sehen wir die schneebedeckten Gipfel der Anden. Die Kordilleren umgeben die Fünfmillionenstadt Santiago wie ein Ring. Die beiden höchsten Berge messen hier 5.400 und 6.200 m. Im nahen Gebirge kann man das ganze Jahr über Ski laufen. Bier als Getränk ist beliebt, behauptet Hugo, es gibt u. a. die Marken Becker, Cristal, Baltica. Das Schild »Schop« an den Kneipen bedeutet, dass man dort einen Schoppen trinken kann. Es fallen uns noch einige andere aus dem Deutschen übernommene Ausdrücke auf, wie z. B. »Kuchen« oder »Haselnuss-Schokolade«. – In Santiago existiert zurzeit montags bis freitags Fahrverbot für bestimmte Autos ohne Katalysator. »Reiche Leute«, erklärt Hugo, »helfen sich damit, dass sie einfach zwei Autos anmelden!«

An unserem Weg liegen die Deutsche Schule und die Deutsche Klinik (Letztere ist trotz des Namens jedoch keine deutsche Einrichtung), die beide einen sehr guten Ruf genießen. Wir überqueren das ausgetrocknete Flussbett des Rio Mapacho und fahren am World Trade Centre Santiago vorbei. Im gleichen Gebäude ist das elegante Radisson Hotel untergebracht. Das Bauwerk gilt als erdbebensicher, da aus statischen Gründen in dessen Mitte ein haushoher unbebauter Raum gelassen wurde, ein »Riesenguckloch«.

Die Stadt besitzt ungewöhnlich viele »grüne Lungen« in Form von Parkanlagen. An der Pferderennbahn, die 1718 nach Pariser Vorbild gebaut wurde, steigen wir aus dem Bus und vertreten uns vor der riesigen Tribüne ein wenig die Beine. Die zweimal wöchentlich stattfindenden Rennen sind immer sehr gut besucht, berichtet Hugo. Wir beobachten einige Jockeys, die auf der Bahn gerade mit ihren Pferden trainieren.

An der belebten Plaza de Armas im Zentrum der Stadt besichtigen wir den Dom aus dem 18. Jahrhundert. Gegenüber liegt die hundert Jahre später gebaute prächtige Hauptpost. Heinrich und ich hätten in einer der Bars gern einen belebenden Espresso getrunken, aber die Zeit reicht nicht, denn laut Programm wollen wir noch auf den Berg San Christobal (880 m) inmitten des riesigen Stadtparks fahren. Die hier am häufigsten vorkommenden Bäume sind Ulmen, eine besondere (chilenische) Palmenart, Eiben, Araukarien, Jakaranda und Immortellen.

Im Park, der sich den ganzen Berg hinaufzieht,

lagern einige Familien beim Picknick. Etwas unterhalb des Gipfels steigen wir aus dem Bus und keuchen in der ungewohnten Hitze – es sind heute sicher mehr als 30 °C im Schatten! – eine scheinbar endlose Treppe hinauf zur gewaltigen gusseisernen Statue der Heiligen Jungfrau Maria. Nach diesen Strapazen schmeckt der Fingerhut voll chilenischen, trockenen Weißweins besonders gut. Er wird uns im Weinmuseum kredenzt, das sich etwas unterhalb der Madonna, aber immer noch auf dem Berg befindet. Das Gebäude besitzt einen schönen glasüberdachten, grün bepflanzten Patio mit Brunnen.

Gegen Mittag sind wir wieder im Hotel.

Nach einer Erholungspause fühlen wir uns fit genug, um in der drückenden Hitze zu Fuß zum nahe gelegenen, klimatisierten »Arauco Shopping-Centre« zu spazieren. Vorher wandern wir aber noch ein Stück weiter die Straße entlang. Als wir dabei an einem Restaurant vorbeikommen, ruft uns einer der davor sitzenden Gäste zu (auf Englisch): »Sie sollten nicht viel weiter gehen, da wird es gefährlich für Touristen!«

Natürlich beachten wir seine Warnung, kehren um und gehen nun direkt zum Einkaufszentrum. Dies ist wirklich riesig – drei Stunden lang bummeln wir hindurch und sind sicher noch längst nicht überall gewesen! Während wir in einem der vielen Restaurants je einen doppelten Espresso schlürfen, lassen wir uns von weihnachtlichen Melodien berieseln: »Oh Tannenbaum«, »Stille Nacht« und »Leise rieselt der Schnee«, wobei die erste Strophe meistens deutsch gesungen wird. An einer Stelle ist eine riesige Krippe aufgebaut worden, vor der Schafe und Kamele elektronisch mit den Köpfen nicken. An anderer Stelle kann man auf Video-Film bannen lassen, wie man artig beim Weihnachtsmann oder bei der Weihnachtsfrau auf dem Schoß sitzt. Einen eher entsetzten Blick werfen wir en Passant in ein gigantisches »Spielerparadies«. Hier bedienen Kinder und Jugendliche die verrücktesten Computerspielautomaten, während bei ohrenbetäubendem Krach tausend oder mehr Lämpchen, Spots und Blinklichter die Szenerie in allen Farben hektisch flackernd beleuchten.

Abends essen wir im italienischen Restaurant des Hotels am Ende des parkähnlichen Gartens Schwertfisch nach thailändischer Art, d. h. sehr scharf und für mich kaum genießbar. Doch es ist schön, draußen entspannt in der milden Abendluft zu sitzen.

Am 17. Dezember ertönt schon um 6.00 Uhr der automatische Weckruf und um 7.45 Uhr startet der Bus zur knapp einstündigen Fahrt zum Airport. Den Flug mit zweistündigem Zwischenstopp in Buenos Aires wegen Crew-Wechsels verschlafen wir zum größten Teil.

Mit der Ruhe ist's jedoch vorbei, als auf Höhe der westafrikanischen Küste das Flugzeug in derartige Turbulenzen gerät, dass einem angst und bange werden könnte. Vielleicht soll dies ein Hinweis für uns sein, denke ich, sich endlich auf das ungemütliche Winterwetter bei uns zu Hause einzustellen.

Eine wundervolle, erlebnisreiche Zeit liegt hinter uns. Und wieder einmal finde ich meine »Theorie« bestätigt, dass eine Reise – neben allem anderen Schönen und Interessanten – mindestens vierfachen »Gewinn« bedeutet:

1. die Vorfreude, 2. die Reise an sich, 3. das Nachhausekommen, 4. die Erinnerung an das Gesehene und Erlebte!

***

Mondpyramide, im Vordergrund: Ausgrabungen;
im Hintergrund: Sonnenpyramide

ein Ausgrabungsergebnis

gekennzeichneter Lehmziegelstein

Blick auf Cuzco

Cuzco: Indianerin mit Lama

oben:
auf dem
Weg
nach
Machu
Picchu

unten:
Machu
Picchu
(Teilan-
sicht)

Flug über Ica

Linien von Nazca: »Kolibri«

Chungará-See (4.500 m) und »Zwilling«

Puerto Montt: Denkmal für die ersten deuschen Siedler

Gerda Brömel: Bücher und E-Books (Auswahl)

Aus dem Takt gekommen [Roman, Kiel-Krimi]

Eine Frau in den *zwei*besten Jahren
– Geschichten um Luise-Marie – und 5 Satiren

Eine Frau in den *zwei*besten Jahren (2)
– Neue Geschichten um Luise Marie … und andere

Auf der Schaukel – Kindheitsbilder 1936 – 1945

Vun wat Fruunslüüd dröömt un annere Vertellen

Der Förde-Nikolaus. Weihnachtsgeschichten

Liebe friesische Freundin (romanhafte Erzählung)

Brömels Geschichten um *schräge* Typen